AF110319

www.ingramcontent.com/pod-product-compliance
Lightning Source LLC
LaVergne TN
LVHW021222080526
838199LV00089B/5791
9789358727654

گل و گلزار

(مزاحیہ مضامین)

خواجہ عبدالغفور

© Zinda Dilaan Hyderabad

Gul-o-Gulzar *(Humorous Essays)*
by: Khwaja Abdul Gafoor
Edition: October '2024
Publisher :
Taemeer Publications LLC (Michigan, USA / Hyderabad, India)

ISBN 978-93-5872-765-4

مصنف یا ناشر کی پیشگی اجازت کے بغیر اس کتاب کا کوئی بھی حصہ کسی بھی شکل میں بشمول ویب سائٹ پر اَپ لوڈنگ کے لیے استعمال نہ کیا جائے۔ نیز اس کتاب پر کسی بھی قسم کے تنازع کو نمٹانے کا اختیار صرف حیدرآباد (تلنگانہ) کی عدلیہ کو ہو گا۔

©زندہ دلان حیدرآباد

کتاب	:	**گل و گلزار** (مزاحیہ مضامین)
مصنف	:	**خواجہ عبدالغفور**
صنف	:	طنز و مزاح
ناشر	:	تعمیر پبلی کیشنز (حیدرآباد، انڈیا)
سالِ اشاعت	:	۲۰۲۴ء
صفحات	:	۱۳۰
سرورق ڈیزائن	:	تعمیر ویب ڈیزائن

فہرست

	خار خار (عرضِ مرتب: مصطفیٰ کمال)	8
	خود اپنے متعلق (خواجہ عبدالغفور)	10
(۱)	دفتر میں افسر اور گھر میں بیوی	17
(۲)	تصویر کے دو رخ	22
(۳)	ٹیلی فون کی مصیبت	28
(۴)	گولیاں	31
(۵)	نوکری کا چکر	35
(۶)	ہم کہیں اور سنا کرے کوئی	38
(۷)	جیو اور جینے دو	46
(۸)	احساس کمتری و برتری	52
(۹)	داڑھی	58
(۱۰)	پھل جھڑیاں	64
(۱۱)	وقتِ پیری شباب کی باتیں	70
(۱۲)	کیا آپ انہیں جانتے ہیں؟	76
(۱۳)	خوشامد	82
(۱۴)	ایمر جنسی	92
(۱۵)	ہنسنے ہنسانے کی باتیں	99
(۱۶)	اساتذہ اور ان کا مزاج	103
(۱۷)	جدید دکنی	117

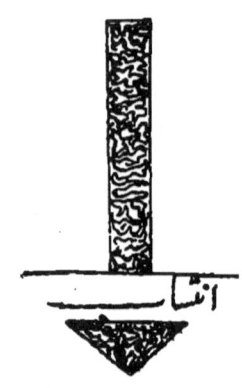

انتساب

ان کے نام
جن کے لئے ہنسنا ہنسانا
شعارِ زندگی ہے

خواجہ عبدالغفور

خواجہ عبدالغفور

خواجہ عبدالغفور کا تعلق حیدرآباد سے ہے۔ جامعہ عثمانیہ سے تعلیم حاصل کرنے کے بعد ۱۹۴۲ء میں حیدرآباد سول سروس سے منسلک ہوئے۔ پسماندہ طبقات کی بہبودی کے سلسلے میں ان کی خدمات کے پیش نظر سوشیل ویلفیر کا ایک محکمہ تشکیل دیا گیا اور موصوف پہلے ڈائرکٹر مقرر ہوئے۔ اقوام متحدہ کے صدر دفتر میں بھی کام کر چکے ہیں اور متعدد بین الاقوامی کانفرنسوں میں شریک ہو چکے ہیں۔ ریاستوں کی تنظیم جدید کے نتیجہ میں ۱۹۵۵ء میں مہاراشٹرا آئے اور مختلف اہم عہدوں پر فائز رہنے کے بعد وظیفہ حسن خدمت پر سبکدوش ہوئے۔ ان دنوں مہاراشٹرا اردو اکیڈیمی کے معتمد اور ریاست مہاراشٹرا کے پندرہ روزہ 'قومی راج' کے چیف ایڈیٹر ہیں۔ متعدد سرکاری، نیم سرکاری اور ادبی و سماجی اداروں سے وابستہ ہیں۔ انتھراپالوجی اور عمرانیات پر ان کی کتابیں انگریزی میں شائع ہو چکی ہیں۔ اردو میں تین کتابیں قہقہہ زار، شگوفہ زار اور لالہ زار شائع ہو کر مقبول ہو چکی ہیں۔ 'قہقہہ زار' کا ہندی اور مراٹھی میں بھی ترجمہ ہو چکا ہے۔

خار خار

(عرضِ مرتب)

نامور ادیب جناب خواجہ عبدالغفور کے مضامین کا مجموعہ "گل وگلزار" زندہ دلانِ حیدرآباد کے زیرِ اہتمام شائع ہو رہا ہے۔ اس سے قبل ان کی تین کتابیں "قہقہہ زار، شگوفہ زار اور لالہ زار" بمبئی سے شائع ہو چکی ہیں۔ موصوف کی تصنیف کردہ "زار سلسلہ" کی یہ چوتھی کتاب ہے۔ پچھلے چند برس میں جناب خواجہ عبدالغفور نے طنز و مزاح کی صنف میں خاص دلچسپی لی ہے۔ نہ صرف یہ کہ تخلیقی کام کرتے رہے ہیں بلکہ اس صنف کی ترقی کے لئے ہمہ جہت کوششوں میں منہمک ہیں۔ بمبئی کی مشینی و صنعتی زندگی کے اکتا دینے والے ماحول کو طنز و مزاح کی مہک سے گل وگلزار بنانے میں موصوف کی کاوشوں کو خاص دخل ہے۔ ہمیں خوشی ہے کہ موصوف کی زیرِ نظر تصنیف زندہ دلانِ حیدرآباد کی وساطت سے منظرِ عام پر آرہی ہے۔

"گل وگلزار" پندرہ انشائیوں اور دیگر تین مضامین سے آراستہ ہے۔ موضوعات کا تنوع شاہد ہے کہ مصنف کی نگاہ رمز شناس اور پختہ کار عمیق مشاہدہ نے گرد و پیش سے انھیں اخذ کیا ہے۔ روزمرہ کے معاملات سے جو مضحک پہلو اور پرمزاح گوشے موصوف نے منتخب کئے ہیں وہ نئے نہ ہونے کے باوجود ہمیں چونکا دیتے ہیں۔ کسی نازک موقع یا حادثہ

کو وہ ہاتھ سے جانے نہیں دینا چاہتے اور لطف یہ ہے کہ ان کے ترکش کا ہر تیر نشانہ پر بیٹھتا ہے مزاح کے پردے میں ناصحانہ رنگ اختیار کرنے اور معلومات فراہم کرنے سے بھی وہ دریغ نہیں کرتے ۔ اکثر لطیفوں کے سہارے بات کہہ جاتے ہیں اور یوں ہنسی ہنسی میں زندگی کے سامان مہیا ہو جاتے ہیں ۔ ہم کہہ سکتے ہیں کہ خواجہ عبدالغفور کے مزاحیہ مضامین کا ایک نمایاں وصف مقصدیت وافادیت ہے ۔ اس کی تکمیل کے ساتھ مزاح کا دامن تھامے رہنا مزاح نگاری کی معراج ہوتی ہے ۔ خواجہ عبدالغفور نے مزاح کو نثر کے مختلف اصناف میں بڑی خوبی کے ساتھ تخلیل کیا ہے ۔ انشائیے، تبصرے، خطوط حتیٰ کہ علمی، معلوماتی اور سماجی موضوعات پر بھی قلم اٹھاتے ہوئے ان مضامین کو پُر مزاح انداز سے گل و گلزار بنا دیتے ہیں ۔ حیرت تو اس بات پہ ہوتی ہے کہ بے ہنگم سرکاری مصروفیات کے باوجود وہ اس قدر بسیار نویسی سے کام لیتے رہے ۔ اب جبکہ وظیفۂ حُسنِ خدمت پر علاحدہ ہو چکے ہیں، یہ توقع بے جا نہ ہوگی کہ ان کے قلم کی یہ موشگافیاں طنز و مزاح کے سرمایہ میں مزید اضافہ کا موجب بنیں گی ۔

مصطفیٰ کمال
مدیر ماہنامہ "شگوفہ" حیدرآباد

اگست ۱۹۷۶ء

خود اپنے متعلق

ہمارے ایک سر پھرے دوست ہیں جو اکثر موسیقی کی محفلیں سجاتے ہیں اور فن کاروں پہ رعب داب جما کر بہت کم نذرانے پر بڑے بڑے پروگرام کروا لیتے ہیں۔ ان کی نظر میں بڑے سے بڑا موسیقار بھی ہیچ ہے اس لئے کہ ان کی دانست میں تان سین کتنا ہی بڑا فن کار ہو مغل اعظم کے خطاب کے بغیر وہ تان سین ہو ہی نہیں سکتا تھا۔ اس بنا پر وہ اپنے آپ کو شہنشاہ اکبر سمجھ بیٹھے ہیں۔ کوئی کتنا ہی بلند پایہ ادیب ہو یا شاعر یا فن کار وہ از خود فن کار نہیں ہو سکتا، وہ کارکن ہو سکتا ہے، کاریگر ہو سکتا ہے، کارپرداز ہو سکتا ہے، پیروکار بھی ہو سکتا ہے، کارفرما بھی شاید بن بیٹھے لیکن فن کار کسی صورت میں نہیں ہو سکتا اس لئے کہ جب تک فن کی داد دینے والے سامعین، ناظرین،

حاضرین یا قارئین نہ ہوں کسی کا فن کار بننا یا فن کار کہلانا امرِ محال ہے۔ ویسے کوئی موسیقار یا ساز کا بجانے والا تو یہ کہہ کر اپنی عزت رکھ لیتا ہے کہ وہ تو اپنے شوق کو پورا کر رہا ہے اور اس میں اس کو لذت ملتی ہے چاہے کوئی سُنے داد دے یا نہ دے۔ بقول غالب ؏

نہ ستائش کی تمنا نہ صلہ کی پروا

لیکن ہم ٹھہرے قلم کار اور جب ہم اپنے قلم کو گھس گھس کر کوئی چیز تخلیق کریں گے تو ظاہر ہے اس کو پڑھنے والا چاہیئے، سننے والا چاہیئے۔ شاعر تو پھر بھی اپنے آپ میں گنگنا لے یا کسی مختصر سی صحبت میں بلکہ سرِ راہ بھی کوئی سننے والا مل جائے تو اس سے مخاطب ہو کر کہے گا " دیکھئے تازہ بہ تازہ غزل کے چند اشعار ہوئے ہیں سماعت فرمائیے" اور اس کا انتظار کئے بنا ہی کہ وہ "ارشاد" کہے، شروع ہو جاتا ہے، چاہتا ہے کہ کسی کو کھانے پینے پر مدعو کر لے اور اس بہانے اس کی سمع نوازی یا سمع خراشی کرے، چاہے وہ مہمان اپنی زیادہ توجہ کھانے پینے پر اور بہت کم شاعری پر دے رہا ہو، پھر بھی اس موقع سے پورا پورا استفادہ کرنے کی یہی صورت نظر آتی ہے کہ بس سناتے جائیے۔ اسی لئے تو کسی شاعر نے بہ خضوع و خشوع خدا تعالیٰ کی بارگاہ میں دعا کی تھی کہ:

"یا اللہ مجھے جنت چاہیئے نہ دوزخ، مجھے ایسی جگہ چاہیئے جہاں مجھے کچھ سخن فہم نہ سہی صرف سننے والے ہی مل جائیں۔"

مگر انھوں نے شاید یہ نہیں سوچا کہ اگر اس طرح سب ہی شاعروں کی دُعائیں مستجاب ہوں تو دنیا بھر کے شاعر یکجا ہو جائیں گے اور پھر نتیجہ ظاہر ہے۔ خیر تو بات تھی فن کاری کی اور وہ بھی ایک قلم کار کی فن کاری۔ اس کی ابتدا تو ظاہر ہے کہ بچپن میں ہی پہلے پہل تختی پر برو کے قلم سے ہوتی ہے، پھر سلیٹ

اور نوٹ بک کی نوبت آتی ہے۔ نوٹ بک کے دور میں کبھی کبھی کوئی چھوٹی موٹی حکایت یا کہانی یا کبھی کوئی مضمون کسی اُستاد یا بزرگ کی نظروں میں آجائے اور وہ ہمت افزائی کر بیٹھیں تو ادب کے ساتھ بے ادبی کی جرأت کی جاتی ہے۔ چنانچہ ہمارے ساتھ بھی یہی ہوا کہ صلاحیتیں اسی حد تک محدود رہیں۔ لیکن جب بڑے ہوکر بہ قول کسے ذمہ دار آدمی بن گئے اور خود اپنا گھر بنا لیا تو اس قسم کی خامہ فرسائی کو رفیقۂ حیات نے ہمیشہ تضیع اوقات سمجھا۔ اس لئے ایک عرصہ تک قلم کار اپنے گھر میں کھلے طریقہ پر سانس نہ لے سکا۔

طویل مدت کے بعد البتہ وہ وقت آیا کہ جب کچھ رسائل میں متعدد بار اور ریڈیو پر اکثر مضمون آنے لگے تو پھر رعب جما اور پہلے پہل کھلے میدان میں ادیب بنے اور بعد میں گھر کی چار دیواری میں بھی۔

بچپن سے انگریزی "پنچ" دل و دماغ پر چھایا ہوا رہا اور وہی مزاح اور انگریزی طور کا مذاق نس نس میں بس گیا اور کبھی خود اپنی مادری، پدری اور سپوتوں کی زبان کے کلاسک اور حالیہ دور کے لکھنے والوں کی طرف خیال نہیں گیا۔ مدتِ دراز کے بعد پطرس اور شفیق الرحمٰن کی تحریروں کے نقوش کچھ اُبھرنے لگے اور پھر ایم۔ اسلم، ملا رموزی، عظیم بیگ چغتائی، شوکت تھانوی، رشید احمد صدیقی، فرحت اللہ بیگ کے اندازِ بیان اور شاہ کاروں نے دل کو لبھانا شروع کیا۔ یہ بات یہیں تک رہ گئی اس لئے کہ ہم اپنی سرکاری ذمہ داریوں میں ایک ایسے دور سے گزر رہے تھے کہ جہاں پست ماندہ اقوام کو پست کردہ اقوام کا نام دیا جا رہا تھا اور ان کی فلاح وبہبود کا چرچا تھا۔ لہٰذا اپنی فطری اپج اور طبع زاد رجحان کی وجہ سے ہم سماجیات، عمرانیات اور انتھراپالوجی میں اُلجھتے گئے۔ اُلجھن یہ تھی کہ آخر یہ پردیسی بالخصوص انگریز ماہر عمرانیات اور سماجیات

ہمارے دور افتادہ جنگلی علاقوں میں بسے ہوئے قبائیلیوں کو بطور نمونہ ہائے میوزم کب تک رکھیں گے اور ریسرچ اور تحقیق کے موضوعات کی خاطر انھیں پس ماندہ، جنگلی، برہنہ، نیم انسانوں کی طرح قائم و محفوظ رکھیں گے۔ آخر انھیں سماج سے منسلک ہونے کیوں نہیں دیا جاتا۔ ان کی فلاح و بہبود کا لائحہ عمل کیوں نہیں بنایا جاتا۔ یہ سوال بہت اہم تھے۔ ہم مانتے ہیں کہ پریوں کی پرانی کہانیوں کی طرح یہ دلچسپ حقیقت بھی حیرت و استعجاب کے جذبات اُبھارتی رہی کہ آج بھی ایسے لوگ ہیں جنھیں ذاتی املاک ملکیت اور سماج بندی کا بالکل خیال نہیں۔ یہ سب خانہ بدوش ہیں۔ نہ ہل چلانا جانتے ہیں نہ جانور پالتے ہیں نہ زمین کی ملکیت کے دعویدار ہیں۔ چینچو قوم کی طرح جنگلی پھل، پتے، بانس اور جڑ، شہد موہا ان کی غذا کے لئے کافی ہیں۔ گونڈوں کے لئے یہ بہت کافی ہے کہ ہر سال جنگل کے ایک خطہ کو صاف کیا اور اس میں نوکدار لکڑی سے کچھ اِدھر اُدھر سوراخ کئے اور کچھ بیج بکھیر دیئے۔ کویا قوم کے لئے ندیوں کے کنارے کچھ شہتیروں کو جوڑ کر کھلی کشتی بنا کر اِدھر سے اُدھر پار کرنے کے ذرائع فراہم کرنا کافی تھا۔ یہ محیر العقول باتیں اور پھر یہ حقیقت کہ جب متمدن و مہذّب لوگ باہر سے آنے والے فاتح حکمرانوں کے لباس، ان کی زبان، ان کی تہذیب کو ہر دور میں اپناتے رہے۔ یہ قدرت کی کلیوں کی طرح اپنے ماحول میں ہی کھلتے رہے اور کسی کا اثر قبول نہ کیا۔ یہ باتیں کچھ اس طرح ہماری زندگی میں آئیں کہ ہم نے ان ہی کو اپنا میدانِ عمل بنایا اور تحقیقاتی رسالے شائع کرتے رہے لیکن اس کے ساتھ ساتھ بدلیشی ماہروں سے بغاوت کے طور پر ان کی معاشی اور سماجی بہتری کی اسکیمیں بھی بناتے اور روبہ عمل لاتے گئے۔ ان تحقیقی اور عملی

کارروائیوں کو سراہا گیا حتیٰ کہ اقوام متحدہ (U.N) کی متعلقہ ایجنسیاں ان کارناموں میں دل چسپی لینے لگیں اور ہمیں یو این او (U.N.O) کے مستقر نیویارک میں بلایا گیا تاکہ امریکہ میں جو اصلی امریکن ریڈ انڈین اب تک پست حال ہیں ان کے تعلق سے ضروری معلومات فراہم کر کے ایسی اسکیمیں پیش کی جائیں جو ان کی فلاح و بہبود کے لئے مناسب و موزوں ہوں۔ ہمارے لئے ان ریڈ انڈین لوگوں میں گھل مل جانا اور ان کا اعتماد حاصل کرنا بے حد آسان ہوا۔ ہم برملا کہتے کہ اصل انڈین تو ہم ہیں۔ آپ لوگ محض واسکوڈی گاما کی غلط فہمی سے انڈین بن بیٹھے۔ ان کا ثقافتی درجہ بھی ہمارے ہندوستان کے قبائل کے برابر کا ہی پایا۔ ان کے عادات و اطوار، ان کی توہم پرستی بعینہٖ وہی۔ فہم و ادراک بھی ان جیسی۔ ان کے رہائش کے بعض مقامات ایسے کہ جہاں پینے کو تو بمشکل تمام پانی مل جاتا لیکن نہانے کے لئے یہ کچھ چٹانوں میں آگ جلا کر ان کو تپا لیتے اور ان کے بیچ بیٹھ کر گرم گرم لُو سے اپنے جسم کا پسینہ نکال لیتے۔ یہی ان کا " SWEAT BATH " ہوتا۔ اب بھی یہ امریکی لوگوں سے بے حد خائف رہتے ہیں کہ انھوں نے ان کو سارے برّ اعظم سے بے دخل کر کے دور افتادہ مقامات پر ڈھکیل دیا۔

ہمیں ایک دلچسپ واقعہ یاد ہے کہ ایک ہوٹل میں جب ایک ریڈ انڈین نے خوب ڈٹ کر کھانے کے بعد مزید فرمائش کی تو اسی ہال میں پاس ہی بیٹھے ہوئے امریکی نے بڑی خوش مذاقی سے کہا " آپ کی اشتہا تو خوب ہے۔ کاش آپ کی بھوک میری ہو سکتی " ریڈ انڈین اس بات پر بے حد جھنجھلا اٹھا۔ چیخ کر بولا " تم ___ تم غاصب امریکی تم نے ہماری زمینوں اور ساری چیزوں پر قبضہ کر لیا۔ اب ہماری بھوک بھی

اپنا نا چاہتے ہو۔ اسی طرح متمدن امریکہ میں حبشی النسل امریکی باشندوں کے ساتھ چھوت چھات کا جو برتاؤ کیا جاتا ہے اس کی بھی ہم نے رپورٹ تیار کی۔ جہاں کانسٹی ٹیوشن سے عطا کی ہوئی مساوات پر عمل نہیں کیا جاتا اور ریل گاڑیوں میں الگ ڈبے لگائے جاتے ہیں۔ ہوٹل، اسکول، کالج و سینما وائی۔ ایم۔ سی۔ اے حتیٰ کہ چرچ بھی کالوں کے لئے الگ ہوتے ہیں۔ ایک صوبہ کے ہائی کورٹ نے حکم دیا کہ گوروں کے خاص اسکول میں امریکی نیگرو بھی شریک کئے جائیں تو اس اسکول کے ارباب مقتدر نے اس اسکول کو ہی بند کر دیا۔ ہم نے ان نیگروؤں سے متعدد بار پوچھا کہ چرچ ایسی مقدس جگہ ہے جہاں جھگڑا فساد نہیں ہوسکتا۔ آپ لوگ گوروں کے چرچ کے اندر جاتے کیوں نہیں ــــ لیکن ان میں نظم وضبط اتنا سرایت کیا ہوا تھا کہ اُلٹ کر ہم سے پوچھتے " جہاں ہمیں اجازت نہیں ہم غیر قانونی طور پر کیسے جاسکتے ہیں "؟

بہرحال یہ کچھ باتیں یاد آگئیں جن کا اثر ہمارے دل و دماغ پر بہت گہرا پڑا تھا۔ ہم ان ہی یادوں کے سہارے اپنے دیش کی اسکیموں میں جان بھرتے رہے اور وہ کامیاب ثابت ہوئیں لیکن اس کے بعد پھر ایک ایسا دور آیا کہ ہم ان سے بہت دور ہوگئے۔ ہمارے لئے عاطرہ اقتدار سے یہ چیزیں باہر ہوگئیں تو پھر لامحالہ اپنے بچپن کے شوق کو پورا کرنے کے لئے اُردو ادب کے ایک بہت ہی بھولے بھٹکے موضوع کو جھنجھوڑا، یعنی طنز و مزاح پر لکھنے والے گنے چُنے قلم کاروں کی صحبت ڈھونڈھی اور اسی میں بس گئے۔ نوآموز ہونے کی وجہ سے موضوعات کی کمی کبھی محسوس نہ ہوئی۔ دیگر نامور ادیبوں کا تعلق سماج سے تو ہے لیکن وہ دفتریت سے کچا ہے وہ سرکاری ہو یا

غیر سرکاری کچھ نا مانوس سے رہے ہیں۔ اس لئے ہم کو اپنے دو تین ہم عصروں کی طرح ایک اچھا میدان مل گیا۔

اگر قلمی کاوش کو فن کہا جاسکتا ہے اور قلم گھسیٹنے والے کو فن کار تو راقم الحروف کو یہ فخر حاصل ہے کہ ملک کے دانشوروں اور چوٹی کے فن کاروں کا قرب حاصل رہنے کی وجہ سے اور ان کی حوصلہ افزائی کی بناء پر کچھ کاوشیں مقبول تو نہیں کہہ سکتا البتہ قبول ضرور ہوئی ہیں۔ اور آج کی یہ قلم فرسائی اس سلسلہ کی ایک کڑی ہے۔ انگریزی کتابوں اور مقالوں کے سوا اُردو ادب میں طنز و مزاح پر "قہقہہ زار" کو آل انڈیا ہندی اُردو سنگم لکھنؤ نے ایوارڈ دیا۔ "شگوفہ زار" پر اُترپردیش اُردو اکاڈیمی نے نقد انعام عطا کیا۔ تیسری کتاب "لالہ زار" کو مبصرین اور تنقید نگاروں نے کافی سراہا ہے۔

مہاراشٹر سرکار کے پندرہ روزہ "قومی راج" کی ادارت بھی دو سال سے سنبھالے ہوئے ہوں اور اب مہاراشٹر اُردو اکادیمی کے رکنِ معتمد کی حیثیت سے شنکر راؤ چوان وزیر اعلیٰ اور ڈاکٹر رفیق ذکریا کی سرپرستی اور قیادت میں اُردو کی خدمت میں مصروف ہوں۔

دفتر میں افسر اور گھر میں بیوی

کہتے ہیں بنی نوع انسان نے بڑی بھاری ترقی کرلی ہے، بالخصوص اس بیسویں صدی کے وسط میں تو چاند پر انسان کا پہنچ جانا، پھر وہاں سے ٹیلی ویژن پر تصویریں اور پیام وسلام بھیجنا ایسی باتیں ہیں گویا پریوں کی کہانیاں حقیقت بن گئی ہیں۔ مہینوں کے سفر گھنٹوں میں طے ہوتے ہیں۔ پلک جھپکتے ہی دنیا کے دوسرے کونے سے سوال اور جواب ہو جاتے ہیں بلکہ میں یہ کہوں تو بے جا نہ ہوگا کہ آج حضرت انسان کیا نہیں کر سکتے۔ لیکن! ----- جی ہاں یہ بہت زبردست لیکن ہے۔ آج کا یہ انسان ان تمام باتوں کے باوجود جس بندھن میں جکڑا ہوا ہے وہ اسی بندھن کا تسلسل ہے جس میں وہ ابتدائے آفرینش کے وقت ماما حوّا کے وجود میں آتے ہی مبتلا ہوا تھا یعنی گھر کی حد تک بیوی کا ہمہ گیر اور غیر مرئی تسلط۔ کیا مجال کہ مرداں بندشوں سے آزادی حاصل کر سکے جو گھر کی فرماں روا بیوی نے اس پر لاگو کر رکھی ہیں۔ کہنے کو تو وہ صاحبِ خانہ ہے، گھر کا مالک ہے لیکن

گھر گرہستی کی ڈور تو بیوی کے ہاتھ میں ہے اور وہی مختارِ کُل ہے۔ ہمارے ایک دوست دعویٰ کرتے ہیں کہ گھر کی حد تک وہی مقتدرِ اعلیٰ ہیں، اہم معاملات میں ان کی بیوی ان کے فیصلوں پر عمل پیرا ہوتی ہے اور غیر اہم مسائل میں بیوی کا فیصلہ اٹل اور آخری ہوتا ہے۔ اہم اور غیر اہم کی توجیہہ وہ اس طرح کرتے ہیں کہ گھر کے تعلق سے اہم معاملات بے شمار ہیں۔ جیسے گھر والے چناؤ کے وقت کس کو ووٹ دیں گے۔ قیمتوں کے بڑھنے کے رجحان کو روکنے کے لئے کیا قدم اٹھائے جائیں۔ ہندوستان کی داخلی اور خارجی پالیسی کیا ہونا چاہیئے۔ ان تمام باتوں میں ان کی رائے صائب رہے گی اور سب کو قبول کرنا ہوگا۔ باقی رہے غیر اہم گھریلو معاملات جیسے گھر کی آرائش، موٹر کی خریدی، گھر کے اخراجات بچوں کی تعلیم، کن امور میں کفایت برتی جائے، دعوت ہو تو کون مدعو کئے جائیں ڈنر کے لوازمات کیا ہوں، یہ سب معاملات ان کی بیوی کے فیصلے کے محتاج ہیں۔ لیجئے یہ ہے ان کا اقتدار۔ یہاں تک تو بیوی ہی کی شخصیت گھر پر چھائی ہوئی دکھائی دیتی ہے۔ اب یہ ہر روز صبح جلدی جلدی تیار ہوتے ہیں۔ دفتر سے جلد لوٹنے کا وعدہ بیوی سے کرتے ہیں اور اس تاکید کو بھی قبول کرتے ہیں کہ واپسی پر گھر کی ضروریات بشمول سبزی ترکاری لیتے آئیں گے۔ اور اس اُمید کے ساتھ دفتر کا رُخ کرتے ہیں کہ لو بھلے سے گھر کی چار دیواری اور اس چار دیواری پر اقتدار رکھنے والی بیوی سے تو سات آٹھ گھنٹوں کے لئے گلو خلاصی ملی۔ اب ان کی انا اُونچی ہوتی ہے۔ یہ اپنی شخصیت کو بلند ہوتے محسوس کرتے ہیں اور تصوّر ہی تصوّر میں خوش ہوتے ہیں کہ اب میں اپنے دفتر میں تو اپنی حاکمانہ شان اور اقتدارِ اعلیٰ کا مظاہرہ کروں گا، رعب جھاڑوں گا اور گھر کے سولہ، سترہ گھنٹوں میں شکست کھانے والی خود اعتمادی کو بلند و

برتر کر کے دکھاؤں گا۔ رعونت و تکبر کے ساتھ دفتر والوں کا سلام قبول کروں گا یہ سوچتے سوچتے پیشانی پر بل ڈالے چہرہ پر افتخار اور بلند مرتبت کے سارے آثار پیدا کر کے دفتر کے حدود میں داخل ہوتے ہیں۔ درجہ چہارم، درجہ سوم، درجہ دوم اور درجہ اول کے ماتحت عہدہ داروں سے نظر ملائے بغیر خشونت کے ساتھ ان کے آداب و سلام کا ادھورا سا جواب دیتے ہوئے اپنے کمرہ کی طرف بڑھتے ہیں۔ چپراسی دروازے کے پٹ کھولے کھڑا ہے، اس کو نظر انداز کرتے ہوئے اپنے اقتدار کے مظہر یعنی اجلاس پر پہنچ جاتے ہیں ویسے محاورہ تو ہے عہدہ کی کرسی مگر ہماری نظر میں عہدہ کی کرسی نہیں، بلکہ عہدہ کا میز زیادہ اہم ہے اس لئے کہ ایڈمنسٹریشن یا مینجمنٹ کا سارا لب و لباب اور سارا پلندہ مثلوں اور فائلوں کا روپ دھارے ہوئے میز پر پڑا ہوتا ہے جس پر ضروری، اہم، فوری جیسے سلپ لگے ہوتے ہیں جن کا مطلب یہ ہوتا ہے کہ ان کے ماتحتین نے ان کارروائیوں میں اپنی نا اہلی اور اپنے تساہل کی وجہ سے کافی دیر لگا دی ہے اور اب وہ یہ چاہتے ہیں کہ ان مثلوں پر یہ حاکم مجاز اپنی دستخط جلد سے جلد ثبت کر دیں تاکہ ان ماتحتین کی سستی اور کاہلی کی وجہ سے کارروائی اور زیادہ خراب نہ ہو۔ غرض سب کچھ تو میز پر ہوتا ہے، وہیں پر ٹیلی فون رکھے ہیں، وہیں پر باہر سے سکریٹری یا چپراسی کو بلانے کے لئے گھنٹی لگی ہوتی ہے۔ اس طرح عہدہ کا امتیاز کرسی سے نہیں بلکہ میز سے ہے۔ اور جو افسر جتنا بڑا ہوگا وہ اپنی میز اتنی ہی بڑی رکھنے کی سوچے گا تاکہ آنے والوں پر اس کا زیادہ سے زیادہ رعب پڑے۔ پرانے زمانے میں راجوں مہاراجوں، نوابوں اور بادشاہوں کے سامنے کاغذات اور مثلیں کو پیش نہیں ہوتی تھیں۔ اس لئے وہ تخت پر براجمان ہوتے تھے، میز کی چنداں ضرورت نہ تھی

لیکن حالات کے بدلتے بدلتے اقتدار کا مرکز تخت سے کرسی پر آیا اور چونکہ کرسی اور میز کا سمبندھ گہرا ہے اس لئے اقتدار کرسی سے میز پر منتقل ہو گیا۔ تو اب اپنے اجلاس پر متمکن ہونے کے بعد حاکم، چاہے وہ کسی سرکاری دفتر میں ہو کہ صنعتی یا تجارتی دفتر میں، سوچتا ہے کہ لو اب ہم بھی کچھ ہیں۔ گھر میں بیوی کی جھک جھک، بچوں کی چیخ و پکار، مہمانوں کے شور و شغب میں ہماری ہستی ڈوب کر رہ گئی تھی لیکن یہاں ہم ہی سب کچھ ہیں۔ کسی کو بھی بلا کر ڈانٹ سکتے ہیں۔ کسی کا اضافہ، تدریجی نامنظور کر سکتے ہیں۔ کسی کی رخصت کاٹ سکتے ہیں، کس کو ترقی سے محروم کر سکتے ہیں اور اپنے کسی منظورِ نظر کو اعلیٰ مدارج عطا کر سکتے ہیں اس سوچ سے ہی اپنی اَنا کو ضرورت سے زیادہ اُونچا کرتے ہوئے سینہ پُھلا کر لکھنے پڑھنے کی عینک کو ناک پر سجا کر کچھ کام شروع کرنا ہی چاہتے ہیں کہ ٹیلی فون کے ذریعہ یا چپراسی کی زبانی یہ پیام ملتا ہے " صاحب نے سلام دیا ہے"۔ لیجئے وہ تاش کے پتّوں کا محل جس میں یہ براجمان تھے، وہ سلطنت جس کے یہ بے تاج بادشاہ تھے، وہ اقلیم جس پر ان کی حکمرانی تھی ان کے پیروں کے نیچے سے کھسک جاتی ہے اور ہوش و حواس ٹھکانے لگتے ہیں، یہ احساس جاگ اُٹھتا ہے کہ وہ سب کچھ ہی نہیں ان کے اُوپر بھی کوئی ہے جو یہ تصفیہ کرتا ہے کہ ان کو کن حدود میں رکھا جائے، ان سے کتنی بیگار لی جائے اور ان کو کہاں کس درجہ تک رہنے دیا جائے۔ یعنی ان حاکم کا حاکم اعلیٰ جو آج بھی فرنگی حکومت کے آداب کے لحاظ سے سلام کہلواتا ہے یعنی ان کو طلب کرتا ہے۔ " حکم حاکم مرگِ مفاجات "۔ وہ جو فرماں روائی تھی یک لخت تابعداری میں بدل جاتی ہے اور یہ احساس اُجاگر ہوتا ہے کہ گھر میں بیوی اور دفتر میں حاکم ــــ جی ہاں، حاکم جس کو " باس" بھی کہا جاتا ہے جو موقعہ بے موقعہ سر کھاتا ہے۔

اور جس کو ہر وقت " سر" کہنا پڑتا ہے، چاہے اس کے سر میں بھیجہ ہو کہ نہ ہو جس کا سر اس کے اپنے کندھوں پر برابر ہو کہ نہ ہو۔ بہر حال یہ حقیقت بڑی جان لیوا ہوتی ہے اور یہیں سے پھر کمتری کا احساس جاگ اُٹھتا ہے کہ وہ نہ گھر پر کچھ ہے نہ اپنے دفتر میں کچھ۔ گھر پر بیوی دفتر میں حاکم۔ اب مجبور محض انسان جائے تو کہاں جائے۔ بہت سارے لوگ گھر اور دفتر سے تھک تھکا کر اپنی خود اعتمادی کو سہارا دینے اور کبھی کبھی بڑھاوا دینے کلب کا رُخ کرتے ہیں کہ جہاں وہ کچھ کھیلوں میں حصہ لے کر حاکم اور بیوی دونوں کو بھلا دیتے ہیں لیکن کلب ہمیشہ سہارا نہیں دیتے اس لئے کہ بہت ساری بیویاں وہاں بھی ساتھ ہو جاتی ہیں اور دل بہلائی کے لئے کچھ بھی کھیل رہے ہوں، وہ کھیل کی غلطیوں کو یاد دلا کر شرمندہ کرتی ہیں اور ہار پر لعن طعن۔ کسی سے کبھی دفتر اور کاروباری بات چیت چھڑ جائے تو ٹوک دیتی ہیں کہ لیجئے اب یہاں بھی وہی فضول کی بکواس، جیسے ان باتوں کی کوئی اہمیت ہے نہ اس کے دُور رس اثرات قابلِ لحاظ۔ سگریٹ دو سے تیسرا جلالیا تو ٹوک دیئے گئے کہ چلو بہت ہو گئے سگریٹ۔ اور پھر تمباکو نوشی کے نقصانات پر ایک لیکچر۔ غرض کہ چھوٹی بڑی باتیں سب ایک ساتھ چمٹی ہوئی ہیں۔ گھر پر بیوی، دفتر میں حاکم۔ چکی کے یہ دو پاٹ ہمیشہ چلتے رہتے ہیں۔ گھریلو اور دفتری زندگی ان دونوں کے بیچ پستی رہتی ہے۔

تصویر کے دو رُخ

یہ ایک بہت پُرانی کہاوت ہے کہ تصویر کے دو رُخ ۔ مگر ہم نے تو ہر تصویر کا ایک ہی رُخ دیکھا ہے ۔ اگر کسی انسان کی شبیہ ہو تو وہ ہماری طرف دیکھ رہی ہوگی یا کسی اور طرف ۔ کوئی خوب صُورت منظر ہو تو وہ منظر ہی منظر ہوگا، کچھ اور نہیں ۔ شاید اسی سے لوگ ناراض ہوکر اب تجریدی یا ماڈرن آرٹ میں نہ تو کسی کی شبیہ بناتے ہیں ۔ نہ کسی کی آنکھ ہوتی ہے نہ ناک نہ کان، بس دو چار اُلٹی سیدھی لکیریں، کچھ آڑے ترچھے خطوط کچھ زاویئے کچھ گُرتے ۔ اَوندھے سیدھے نقوش، گہرے پھیکے رنگ اور تصویر تیار ہے ۔ اب اس کے رُخ ڈھونڈیئے تو دو نہیں دس نہیں بیس نہیں اَن گنت رُخ ملیں گے بتائیے تو وہ کہاوت کیا ہوگئی کہ تصویر کے دو رُخ ۔ البتہ آج کل جاپان سے کچھ تصویریں ایسی آرہی ہیں کہ ایک نظر میں مرد اور کچھ ذرا ترچھا ہوکر دیکھئے تو وہی شبیہ عورت ۔ کہیں رنگین تو کہیں بے رنگ ۔ تصویر کے کسی رخ میں کپڑے میں

تو کسی رُخ میں بالکل برہنہ ۔ ایسی تصویر کے ضرور دو رُخ ہوتے ہیں ۔ لیکن یہ محاورہ تو بہت ساری زبانوں میں یہی بتاتا ہے کہ ہر تصویر کے دو رُخ ہوتے ہیں ۔ اس کی تشریح کچھ اس طرح ضرور ہو سکتی ہے کہ ایک روتے ہوئے لڑکے کی تصویر کو بتاکر چھوٹے بچوں کی کلاس میں اُستاد نے پوچھا کہ اس کو دیکھ کر تمہارے دماغ میں کیا خیال آتا ہے ؟ ایک لڑکے نے جھٹ سے کہا " ماسٹر صاحب ! مجھے لگتا ہے کہ یہ بچّہ بھوکا ہے اور اسی لئے رو رہا ہے ۔ اسی جماعت کے ایک اور لڑکے نے کہا " ماسٹر جی ! مجھے تو یہ لگتا ہے کہ اس لڑکے نے اناپ شناپ بہت کھالیا ہے اور پیٹ کے درد کے مارے رو رہا ہے ـــــ " دیکھا آپ نے تصویر تو ایک ہی ہے مگر اس کے دو رُخ ایسے ہیں کہ غریب گھرانے کے لڑکے کے ہاں جسے اکثر بھوک اور فاقہ کا سامنا کرنا پڑتا ہے روتے ہوئے بچّہ کی تصویر کے معنی ہوئے بھُوک اور جو رئیس گھرانے کا لڑکا ہے وہ تو محض قبض اور پیٹ کے درد سے ہی روتا دھوتا ہے اور اس کی معلومات بھی اسی حد تک ہوئیں ۔

ایک اچھے بھلے آرٹسٹ نے اپنی تصویروں کے متعلق رائے پوچھی تو اس کے بے تکلّف دوست نے کہا " ارے بھئی ! تمہاری تصویریں دیکھ کر تو میں حیران رہ جاتا ہوں ۔" آرٹسٹ نے تعریف و توصیف کی اُمید سے پوچھا ، تو آپ میری تصویریں دیکھ کر اس لئے حیران رہ جاتے ہوں گے کہ میں اتنی اچھی تصویریں کیسے بنالیتا ہوں ؟ دوست نے بتایا " یہ بات نہیں میں تو اس لئے حیرانی میں پڑ جاتا ہوں کہ تم آخر یہ تصویریں کیوں بناتے ہو ؟ ـــــ یہ بھی تصویر کے دو رُخ ہوئے ۔

اچھا آیئے آپ کے سامنے ایک گلاس رکھتے ہیں جس میں کچھ شربت ہے اب بتایئے آپ کیا کہیں گے ؟ گلاس آدھا بھرا ہے یا گلاس آدھا خالی ہے ؟

اگر آپ قنوطیت پسند ہیں تو ظاہر ہے کہ آپ کا دھیان اسی بات پر جائے گا کہ یہ گلاس بھرا ہوا نہیں ہے اور جو آپ خوش دل اور قناعت پسند ہیں تو آپ اسی کو غنیمت سمجھیں گے کہ گلاس خالی نہیں ہے بلکہ آدھا گلاس شربت آپ کے سامنے ہے۔ یہاں آپ کی نظر میں جو تصویر ہے اس کے دو رُخ ہوئے۔

دوسروں پر ہنسنا، ان کی کھلّی اُڑانا، عیب جوئی کرنا، مخول بازی، ٹھٹّھا، یہ سب کسی کی ہنسی اور شاید اطمینانِ خاطر کا باعث ہو سکتا ہے۔ لیکن تصویر کا دُوسرا رُخ دیکھئے کہ جو نشانۂ ملامت بن رہا ہے جس کی جان پر بن آئی جو ہنسی کا مرکز ہے وہ تو نہیں ہنس رہا ہے نہ اس کا دل اس کو گوارا کر رہا ہے۔ اس مصیبت کا نہ کوئی علاج ہے نہ مداوا۔

ایک دلچسپ واقعہ سُناؤں۔ کسی بڑے مذہبی رہنما کی آمد پر ہوائی اڈہ پر ہی کچھ لوگوں نے ازراہِ تمسخر پوچھا "کیا آپ ہمارے شہر کے حسین نائٹ کلب بھی دیکھیں گے"؟ مذہبی رہنما نے بات کو ٹالنے کی خاطر ویسے ہی سادہ لوحی سے پوچھا "کیا آپ کے شہر میں اچھے نائٹ کلب بھی ہیں؟ ____ کچھ لوگ ہنسے کچھ کھسیانے ہوئے کچھ سمجھے بھی نہیں کہ یہ کیا موضوعِ بحث ہے۔ مگر حیرت کی انتہا نہ رہی کہ جب اخبار نے بڑی سُرخی کے ساتھ یہ خبر چھاپی ___ "مذہبی رہنما کا ہوائی اڈہ پر شاندار استقبال۔ انھوں نے جو پہلا سوال کیا وہ تھا "کیا آپ کے شہر میں اچھے نائٹ کلب بھی ہیں ___"؟ دیکھئے بات کیا تھی اور تصویر کے دوسرے رُخ کی وجہ سے کیا ہوگئی۔

کسی فوجی سنٹر سے سلیم نامی ایک سپاہی بِلا اجازت غائب ہوگیا۔ اس کی بڑی تلاش رہی اور پھر فوجی پولیس کو ایک سپاہی لوٹتا ہوا ملا۔ اس کو فوراً گرفتار کر لیا گیا اور اس کے افسرِ اعلیٰ نے اس کی سزا بھی تجویز کر دی۔ جب اس کو جسمانی سزا دی جا رہی تھی تو یہ خوب ہنس رہا تھا کھِل کھِلا کر بے اختیار۔ دیکھنے والوں نے

پوچھا، بھئی آخر ماجرا کیا ہے کہ تم سزا بھی بھگت رہے ہو اور ہنستے بھی ہو۔ سپاہی نے استہزائیہ ہنسی کے ساتھ جواب دیا "میں ان سب کی بے وقوفی پر ہنس رہا ہوں کہ انھیں سلیم کی تلاش تھی اور یہ مجھے سلیم سمجھ کر سزا دے رہے ہیں"۔ لیجئے کوئی اور ہوتا کہ جس میں اس غلط فہمی کو ہنس کر ٹالنے کی صلاحیت نہ ہوتی تو واویلا مچاتا، اودھم مچاتا اور اپنی ناکردہ گناہی کو ثابت کر کے چھٹکارا پاتا یہ بھی ایک طرح سے تصویر کا دُوسرا رُخ ہے جو بالعموم پوشیدہ رہتا ہے یا نظروں سے اوجھل رہتا ہے۔

تصویر کا ایک تاریک رُخ ہوتا ہے دوسرا روشن۔ کچھ لوگ صرف تاریک پہلو دیکھتے ہیں۔ اور نہ صرف وقتی طور پر گھبراتے ہیں بلکہ ہمیشہ ہمیشہ ہی زندگی سے خائف رہتے ہیں۔ کچھ لوگ راہِ فرار اختیار کرتے ہیں اور مسائل و مصائب کا سامنا نہیں کرتے لیکن اس طرح پر کوئی حل نہیں نکلتا۔ ممکن ہے کہ کچھ دیر کے لئے وہ اُلجھن ٹل جائے لیکن دوبارہ اس کا حملہ اس شدّت سے ہوگا کہ وہی معمولی سی بات ایک بھیانک شکل اختیار کرے گی۔ اور اِس نوبت پر تو کوئی جائے پناہ ہوگی نہ کوئی مفر۔ اس لئے بہر صورت مناسب یہ ہے کہ انسان اپنے ہوش و حواس ٹھکانے رکھے اور اس مسئلہ کو اصلی اور حقیقی رنگ میں دیکھے۔ اور اس پریشانی کا مداوا سوچے اور اس کا مقابلہ کرے ٹالنے سے بات ٹلتی تو ہے لیکن صرف وقتی طور پر۔ ایک خاتون نے کسی بڑھیا اسٹوڈیو میں اپنی تصویر کھنچوائی اور جب وہ تیار ہوگئی تو اس کو دیکھ کر ناک بھوں چڑھائی اور سخت ناپسند کیا اور فوٹو گرافر پر اور اس کی تصویر کشی پر اظہارِ ناراضگی کیا اور یہ بھی کہہ دیا " اب سے پندرہ برس پہلے میں نے تمہارے اسٹوڈیو میں اپنی تصویریں کھنچوائی تھیں تب تو تم بڑی دل کش اور خوب صورت تصویریں بنایا کرتے تھے۔ اب یہ کیا ہوگیا تمہیں کہ اتنی ردّی تصویر بنائی ہے۔" وہ محترمہ یہ

بھول رہی تھیں کہ اب سے پندرہ برس پہلے تو وہ فی الحقیقت کچھ زیادہ ہی قبول صورت ہوں گی اور ظاہر ہے کہ اسی مناسبت سے تصویریں بھی بنتی رہی ہوں گی اور امتدادِ زمانہ اور عمرِ رواں کی ستم ظریفیوں نے انھیں کچھ کا کچھ بنا دیا ہے ۔ اس حقیقت سے گریز کہاں تک روا ہوسکتا ہے ۔ اسی لئے تو اکثر و بیشتر لڑکیاں منگنی اور شادی تک صرف سترہ برس کی رہتی ہیں اور شادی کے بعد زیادہ سے زیادہ اُنتیس تیس کی ۔ اس کے آگے ان کی عمریں بڑھتی ہی نہیں ۔ ان کی سالگرہ نہیں بلکہ برتھ ڈے یعنی جنم دن منایا جاتا ہے ۔ سالگرہ کا لفظ متروک ہوچکا ہے کہ اس دن سال ہائے گزشتہ اور عمرِ رفتہ کی یادگار نہیں منائی جاتی بلکہ صرف پیدائش کا دن ۔ اسی لئے تو جو صاحبِ فہم و ذکا ہوتے ہیں وہ اپنی خاتون دوستوں کے جنم دن یاد رکھتے ہیں سالگرہ نہیں ۔ یہ بھی ایک طرح سے تصویر کے ایک ہی رُخ یعنی روشن رُخ کا نظارہ ہے، دوسرے رُخ کو نظر انداز کر دیا جاتا ہے ۔ مردوں کی بات الگ ہے ۔ وہ بے چارے تو اپنی زندگی کے ہر موڑ پر کھٹے دھکڑے جاتے ہیں ۔ اسکول میں شرکت ہوئی کہ تاریخِ پیدائش درج رجسٹر ہوئی ۔ امتحان پاس کیا تو سرٹیفکٹ میں دن، ماہ و سال سب ہی درج ہوگئے ۔ نوکری کے لئے درخواست دی تو اس کے ساتھ ان شرائط کی تکمیل ضروری ہوتی ہے کہ تاریخ درخواست پر عمر کیا ہے ۔ ایک بھلے مانس اوائلِ جوانی میں کافی خوب رُو تھے ۔ اپنے اس دَور کی ایک جاذبِ نظر تصویر البم میں لگا رکھی تھی ۔ برسوں بعد کسی وقت ان کے ننھے منے صاحبزادے نے اس پُرانی البم کے ورق پلٹ کر دیکھے اور اس تصویر پر ان کی نظر ٹک گئی ۔ بہت دیر گھورا' پھر ماں سے پوچھا کہ یہ تصویر کس کی ہے ۔ ماں نے بڑے فخریہ انداز میں بتایا کہ وہ تصویر اُس کے ابّا کی ہے ۔ صاحبزادے کچھ حیران اور کچھ پریشان ہوئے ۔ اپنے باپ کی طرف نظر جما کر دیکھا اور بے اختیار سوال کر بیٹھے " پھر اماں جان ! یہ جھریوں بھرے

بھرے والے گنجے سے عینک لگائے صاحب ہمارے ساتھ ہمارے گھر میں رہ رہے ہیں یہ کون ہیں؟ ـــــ دیکھا آپ نے ایک ہی شخصیت کے دو رُوپ، ایک تصویر کا رُوپ دُوسرا اصلی رُوپ۔

خوش فہمی بھی ایک طرح سے سمجھ داری کی بات ہے کہ انسان خواہ مخواہ اپنے آپ کو ایسی باتوں میں اُلجھنے سے دُور رکھے جو اس کے لئے بارِ خاطر ہوں۔ وہ اپنے آپ میں مگن رہے۔ اپنی بات کو، اپنی ہر چیز کو، اپنی شخصیت کو اچھا سمجھے اور اچھا ہی سمجھتا چلا جائے تاکہ ذہنی اُلجھن سے محفوظ رہے یہ نہیں کہ وہ بددماغ ہو جائے، خواہ مخواہ کا گھمنڈ رکھے، غرور کرے۔ ان باتوں سے تو آدمی کا سرنیچا ضرور ہو جاتا ہے، اور وہ بُری طرح سے دھکا کھاتا ہے۔ جو ہوائی حفاظتی قلعہ اپنے اطراف بنا رکھا تھا وہ دھڑام سے گر جاتا ہے اور یہ دوسروں کی نظروں میں عریاں ہو جاتے ہیں۔ لیکن ایک حد تک اپنے آپ میں مگن رہنا اچھا ہی ہوتا ہے کہ اس سے بہت ساری بلائیں ٹل جاتی ہیں۔ ذہنی اُلجھنیں دور رہتی ہیں۔ اور انسان بڑی حد تک اپنے آپ سے، اپنے ماحول سے اور اپنی دنیا میں شاداں و فرحاں رہتا ہے۔ یہ صرف اسی حد تک روا رہ سکتا ہے کہ انسان اپنے اندر مزاح کی حِس کو تازہ رکھے۔

✣ ✣ ✣ ✣

ٹیلی فون کی مصیبت

آج سے ٹھیک ایک سو سال پہلے یعنی ۱۸۷۵ء میں ٹیلی فون ایجاد ہوا ہے ابتدا میں جو کچھ فائدے اور نقصانات ہوئے ہوں گے وہ آج بھی قائم و دائم ہیں۔ اس لئے کہ یہ ایک ایسی ایجاد ہے، جو دُور کے لوگوں کو نزدیک لاتی ہے اور قریب والوں کو دور رکھتی ہے۔ آپ پڑوسی کی صورت نہ دیکھنا چاہیں، تو آپ کو اس سے باتیں کرتے وقت آنکھیں بند رکھنے کی مطلق ضرورت نہیں۔ آپ ٹیلی فون پر اس سے بات کر سکتے ہیں اور اپنے احساسات کو پس پردہ رکھ سکتے ہیں۔ لیکن اس مصیبت سے کوئی مفر نہیں کہ وقت بے وقت ہی نہیں بلکہ ایسے وقت کہ جب آپ آرام کر رہے ہوں تو ٹیلی فون کی گھنٹی آپ کا آرام حرام کر سکتی ہے اور جب آپ انتہائی منہمک ہوں یہ آپ کی مصروفیت میں خلل انداز ہو سکتی ہے۔ ٹیلی فون کی سب سے بڑی مصیبت تو یہ ہے کہ بسا اوقات غلط سلط کال نہایت ہی غلط وقتوں پر آجاتی ہیں۔ آپ فون اٹھاتے

ہیں اور گفت گو کرنے والے کی آواز اور طرزِ تکلّم سے ہی سمجھ جاتے ہیں کہ یہ کوئی صحیح آدمی نہیں۔ پھر بھی ضبط و تحمّل سے کام لے کر سمجھاتے ہیں کہ آپ وہ نہیں جن کی انھیں تلاش ہے۔ پھر بھی وہ سوال پر سوال کرتے ہیں اور آپ کو عاجز کر دیتے ہیں۔ تہذیب کا تقاضا ہے کہ ٹیلی فون پٹک نہ دیں، چاہے سابقہ چیخ چیخ کر اور چلّا چلّا کر بات کرنے والے سے ہو۔

کچھ ہی دنوں کی بات ہے ہمارے پڑوسی بڑی اُونچی آواز سے بات کر رہے تھے اور سارا محلّہ تو نہیں سارے فلیٹ کو سر پر اُٹھا رکھا تھا۔ ان کے صاحبزادے ہمیں بالکونی میں نظر آئے تو ہم نے پوچھا کیا بات ہے۔ کیا کسی پر خفا ہو رہے ہیں۔ لڑکے نے بتایا کہ وہ اپنے دوست سے باتیں کر رہے ہیں جو دلّی میں ہیں۔ ہم نے کہا " تو وہ فون کیوں نہیں استعمال کرتے۔ اب تو راست کال کی جا سکتی ہے۔" ہمیں بتایا گیا کہ وہ دراصل فون پر ہی بات کر رہے تھے لیکن ان کے خیال میں " ہنوز دلّی دور است" والی بات تھی۔ ٹیلی فون کی سب سے بڑی مصیبت یہ ہے کہ اس کی گھنٹی بالعموم ایسے وقت بجتی ہے جب آپ گہری نیند سو رہے ہوں، غسل خانے میں ہوں، کسی ادبی تخلیق کی دُھن میں لگے ہوں۔ میٹنگ میں مصروف ہوں اور کسی اہم نکتہ پر دوسروں کو منوانے چلے ہوں۔ اور پھر کوئی آپ ہی سے بات کرنے والا ہو تو بھی ٹھیک ہے لیکن غیر متعلق آدمی غلط لائن پر آگیا تو پھر آپ کے صبر و تحمّل کا بڑا ہی کڑا امتحان ہو جاتا ہے۔ ہاں اس کا یہ فائدہ ضرور ہے کہ ضمیر کی آواز کو نظر انداز کر کے بڑی سے بڑی جھوٹ کہی جا سکتی ہے۔ سلیم کہہ رہے تھے کہ فون کی گھنٹی بجنے پر اُنھوں نے آلہ اُٹھایا تو کسی نے ان سے پوچھا " کیا سلیم بول رہے ہیں؟" اُنھوں نے جواب دیا " جی ہاں۔ میں سلیم بول رہا ہوں۔" فون پر پھر سے سوال ہوا " کیا آپ سچ مچ سلیم ہیں؟" یہ بولے " ہاں ہاں میں سلیم ہی تو ہوں۔"

ایک بار پھر سوال کیا گیا " مگر آواز سلیم کی نہیں لگتی ہے "۔ انھوں نے یقین دلایا کہ وہ سلیم ہی ہیں ۔ اس کے بعد آواز آئی " اچھا تو سلیم سنو، میں امین بول رہا ہوں ۔ مجھے اس وقت دو سو روپیوں کی سخت ضرورت ہے ۔ کہو تو میں ابھی آ کر لے لوں "۔ چونکہ گفتگو ٹیلی فون پر ہو رہی تھی ۔ سلیم نے بڑے اطمینان سے کہا ۔ " ٹھیک ہے سلیم کے آتے ہی میں آپ کا پیغام پہنچا دوں گا "۔ لیجیے کس آسانی سے گلو خلاصی ہو گئی ۔

ٹیلی فون کی ایک اور مصیبت یہ ہے کہ آمنا سامنا نہ ہونے کی وجہ سے چہرے کے اُتار چڑھاؤ کا اندازہ نہیں ہوتا اور بات چیت میں بڑی غلط فہمیاں ہو سکتی ہیں ۔ معقول جواب کے بجائے کچھ غلط قسم کی بات چیت کا بھی احتمال رہتا ہے ۔ چنانچہ کسی نے آپ بیتی سنائی کہ وہ عرصہ سے محبت میں مبتلا تھے، لیکن دوبدو ہونے پر ان کی ہمت نہ ہوتی تھی کہ شادی کی بات چھیڑ دیں ۔ انھوں نے فون کا سہارا لیا اور لڑکی سے فون جوڑ کر اپنی محبت جتائی، اور شادی کی پیش کش کی ۔ لڑکی نے ساری باتیں سُنیں اور جب شادی کی بات ہوئی تو فوراً حامی بھر لی اور پوچھا " شادی کا پیام مجھے منظور ہے مگر یہ بھی بتا دیجیے کہ آپ کون بول رہے ہیں "؟ لیجیے بھلا ہو ٹیلی فون کا کہ ان کا دل توڑ کر رکھ دیا ۔ اس کے بعد وہ کیا شادی وادی کا سوچ سکتے ۔

ٹیلی فون کی مصیبتیں کچھ کم نہیں اور ہم ان کی طول طویل داستان سناتے رہیں تو یہ خود ایک مصیبت بن جائے گی ۔

✣ ✣ ✣ ✣

گولیاں

ہر طرف سنسناتی، دندناتی، قیامت برپا کرتی گولیاں، کبھی ویت نام میں، کبھی عربستان کے ریگ زاروں میں، کبھی کشمیر کی وادیوں میں تو کبھی کہیں پہاڑ کی برفبار چوٹیوں پر۔ جہاں کہیں یہ بندوق کی گولیاں یا توپ کے گولے چلتے ہیں ہنگامہ کھڑا کر دیتے ہیں۔ جان و مال کا نقصان تو رہا الگ، ملکوں کے جغرافئے بدل جاتے ہیں۔ معاشی نظام درہم برہم ہو جاتا ہے۔ قیامتِ صغریٰ کھڑی ہو جاتی ہے۔ اس میں کبھی یہ پتہ نہیں چلتا کہ حملہ آور کی گولی کونسی تھی اور مدافعانہ بلکہ خود حفاظتی کونسی گولی تھی، اِلّا اس کے کہ جو متکلم ہے وہی خود حفاظتی ہونے کا دعویٰ کرتا ہے۔ ویسے تو آج کل کسی دیس میں جارحانہ کارروائی کے لئے فوج نہیں ہوتی۔ فوج یا اسلحہ، دبابے، مشین گنیں، ایٹم بم، سب اپنی اپنی حفاظت کے لئے ہوتے ہیں۔ لیکن وقت بے وقت یہی دوسروں کے لئے جان لیوا ثابت ہوتے ہیں۔

کہتے ہیں کہ ایک اعلیٰ حاکم بڑے اچھے شکاری تھے۔ ان کے متعلق مشہور تھا کہ ان کی گولی کبھی کسی شکار کی جان لئے بنا نہیں رہتی تھی۔ ایک بار یہی حاکم جنگل میں سے جا رہے تھے کہ انھوں نے ہرن کو دُور کہیں دیکھا اور فوراً اپنی بندوق چلا دی۔ محض اتفاق، یہ ہرن کافی تیز گام تھا اور گولی اس کے تعاقب میں چلی جا رہی تھی۔ کبھی ہرن تھک جاتا اور اس کے قدم سست پڑتے تو یہ گولی آگے نکل جاتی مگر ہرن پھر اپنی تیز رفتاری کی وجہ آگے ہو جاتا۔ روایت ہے کہ کبھی ہرن آگے تو کبھی گولی آگے۔ یہ سلسلہ چلتا رہا حتیٰ کہ ہرن ایک قلعہ کی فصیل کے آگے ہو گیا۔ اور ان حاکم کی گولی کو دیوار سے ٹکرا کر سرد ہونا پڑا۔ ان مہلک گولیوں کے سوا کچھ اور بھی گولیاں ہیں۔ ان کا ذکر بھی سُن لیجئے:

کسی مریض نے ڈاکٹر کے علاج سے بیزار ہو کر کہا "ڈاکٹر صاحب آپ نے دوا کی جو گولیاں دی تھیں اس سے بالکل افاقہ نہیں ہوا۔ کوئی فوری اثر والی گولی دیجئے" ڈاکٹر نے جھٹ سے کہا " دیکھئے دنیا میں گولی کی صرف ایک ہی قسم ہے جو جسم میں داخل ہوتے ہی اپنا فوری اثر دکھاتی ہے"۔ مریض نے کہا "تب تو ڈاکٹر صاحب وہی گولی عنایت فرمائیے"۔ ڈاکٹر نے جواب دیا " ارے وہ تو میں بندوق کی گولی کی بات کر رہا ہوں"۔ تو لیجئے اب اور قسم کی گولیوں کی کرامات دیکھئے: گولیاں تو ہر موقع و محل کے لئے تیار ملتی ہیں۔ کسی کو نیند بہت آتی ہو تو بیدار رہنے کے لئے طاقت کی گولیاں نوشِ جان فرمائیے۔ بھوک نہ لگتی ہو تو بھوک کھلنے کے لئے چورن کی گولیاں لیجئے یا کوئی ENZYME لے لیجئے۔ دُبلے پتلے لوگوں کو اپنے جسم کے بڑھانے کے لئے وٹامن کی گولیاں مل جائیں گی۔ ضرورت سے زیادہ موٹے اور فربہ لوگوں کے لئے دُبلے کرنے کی گولیاں مل سکتی ہیں۔ ہر قسم کے وٹامن کی ہمہ اقسام گولیاں ملتی ہیں۔ طاقت بڑھانے کی گولیاں، جوانی کو برقرار رکھنے کی گولیاں کم عمری کی طرف واپس لوٹانے والی گولیاں، ہر قسم کی ضرورت کو پورا کرنے کی گولیاں

ڈاکٹر، حکیم اور وید کے پاس موجود ہیں۔ سُنا ہے کہ ایک صاحب کو امریکہ میں کچھ ایسی گولیاں مل گئیں جو عمر رسیدہ انسان کو جوان بنا سکتی ہیں۔ انھوں نے کچھ گولیاں خرید کر اپنی بیوی کے لئے بھیج دیں اور ترکیب استعمال بھی لکھ دی۔ کچھ عرصہ بعد لوٹے تو ایر پورٹ پر ان کو ایک کم عمر لڑکی ملی۔ انھوں نے پیار سے اس کو گود میں اُٹھالیا۔ اس لڑکی نے شرما کر کہا "اے جی یہ کیا بے ہودگی ہے۔ سب ساس سُسر کے سامنے تم مجھے گود میں لے رہے ہو؟" بہت پریشان ہو کر انھوں نے اس لڑکی کو پٹک دیا اور ماجرا پوچھا۔ پتہ چلا کہ جو گولیاں انھوں نے بیوی کے لئے بھیجی تھیں اس نے ایک دم ہی سب کی سب کھالیں جس کا نتیجہ یہ ہوا کہ وہ نوجوانی سے بھی آگے کم عمری کی منزل میں لوٹ گئی۔ اسی طرح خواب آور گولیاں بھی اگر بہت ساری وقتِ واحد میں کھالی جائیں تو وہ ہمیشہ کی نیند سُلا دیتی ہیں اور زندگی کا خاتمہ کر دیتی ہیں۔ بعض مریضوں کو جسمانی تکلیف سے بچانے کے لئے نیند کی گولیاں تجویز کی جاتی ہیں کہ جو ایک دم نہیں بلکہ خاص وقفہ سے دی جانی چاہئیں۔ ہمارے سامنے بعض ایسے احمق تیمار داروں کی مثالیں ہیں جو گہری نیند سوئے ہوئے مریض کو جھنجھوڑ کر جگاتے ہیں کہ اُٹھو وقت ہوگیا، یہ نیند کی گولی تو کھالو۔ ایسے ہی ایک تیمار دار کو تاکید کی گئی کہ مریض کو دن میں تین بار ایک گولی دی جائے۔ انھوں نے سوال کیا "ایک گولی تین بار کیسے دی جا سکتی ہے؟"

ایک مشہور و معروف حکیم کے صاحبزادے بھی طب کی سَند حاصل کرنے کے بعد اپنے والدِ محترم کے ساتھ مطب میں بیٹھنے لگے۔ جب بڑے حکیم صاحب کو اطمینان ہوگیا کہ ان کا لڑکا مطب سنبھال لے گا تو وہ اپنی دیرینہ آرزو پوری کرنے کے لئے کشمیر کی سیر کو چلے گئے۔ واپس آنے کے بعد تفصیل وار اپنے بعض کہنہ مریضوں کی بابت پوچھنے لگے۔ صاحبزادے نے ہر مریض کے تعلق سے بتایا کہ میں نے اُس کو فلاں فلاں گولی دی تھی اور وہ اچھا بھی ہوگیا۔ ان تفصیلات کو سن کر بڑے حکیم

صاحب نے سر پیٹ لیا اور کہا " ہائے کم بخت ہماری خوش حالی انہی مالدار مریضوں کے سہارے تھی۔ تو نے ان سب کو صحت مند کر دیا تو اب ہماری گزر بسر کیسے ہوگی؟"

جہاں دوا کی ہر قسم کی گولیوں کا ذکر چلا ہے وہاں یہ بھی سُن لیجئے کہ ایک بہت ہی موٹی خاتون کو ڈاکٹر نے جب نسخہ تجویز کیا تو اس نے سیسہ کی باریک باریک سو گولیاں ایک مرتبان میں بھر کر دیں۔ مریضہ پریشان ہوگئیں اور پوچھا "ڈاکٹر صاحب یہ گولیاں کھا کر تو میں زندہ نہ رہ سکوں گی۔" ڈاکٹر نے مسکرا کر جواب دیا " خاتون بے فکر رہئے، یہ گولیاں میں نے آپ کے کھانے کے لئے تجویز نہیں کی ہیں۔ آپ ان گولیوں کو دن میں چار مرتبہ اپنے کمرے کے فرش پر بکھیر دیجئے اور پھر کھڑے کھڑے کمر جھکا کر ان کو اکٹھا کیجئے۔ آپ کے موٹاپے کو دور کرنے کے لئے بہت مفید رہے گا۔"

کچھ انسانوں کے لئے تجویز کی ہوئی گولیوں کی بات ہوئی۔ ایک صاحب اپنے بیمار گھوڑے کو جانوروں کے ڈاکٹر کے پاس لے گئے تو ڈاکٹر نے جانچ پڑتال کے بعد کچھ گولیاں تجویز کیں اور کہا کہ صبح و شام گھوڑے کو کھلائی جائیں۔ گھوڑے کے مالک نے کہا " ڈاکٹر صاحب میں گھوڑے کو یہ گولیاں کس طرح کھلا سکوں گا؟" ڈاکٹر صاحب نے بتایا فکر نہ کیجئے اس کا طریقہ یہ ہے کہ گھوڑے کے منہ میں ایک پھکنی رکھ دیجئے اور اس پھکنی میں ان گولیوں کو ڈال کر پھونک ماریئے وہ ساری گولیاں گھوڑے کے حلق میں اُتر جائیں گی۔ جب دو ایک روز بعد یہ صاحب ملے تو ڈاکٹر نے دیکھا کہ ان کا بُرا حال تھا اور لگتا تھا کہ یہ کسی سخت تکلیف میں مبتلا ہیں۔ ڈاکٹر نے پوچھا تو انھوں نے بتایا کہ وہ جب بھی پھکنی گھوڑے کے منہ میں رکھ کر گولیوں کو اس کے منہ میں پھونکنے جاتے ہیں تو گھوڑا پہل کر کے پھونک مارتا ہے اور وہ ساری گولیاں ان کے پیٹ میں جاتی رہی ہیں۔ اور انہی گولیوں کی وجہ سے ان کا حال بُرا ہوگیا ہے۔

✢ ✢ ✢ ✢ ✢

نوکری کا چکّر

انسان آزاد اور خودمختار پیدا ہوا ہے۔ وہ اپنی ضروریات پوری کرنے کی ساری صلاحیتیں رکھتا ہے۔ ابتدائے آفرینش میں اس کو کھانے پینے کی ساری چیزیں قدرت سے فراہم ہو جایا کرتیں۔ پھل اور سبزیاں ہر طرف بہ افراط میسّر تھیں۔ رہنے کو پتھروں کے غار، درختوں کے سائے، پہاڑوں میں درّے، پینے کے لئے دریاؤں کا بہتا پانی، جھیل اور تالاب سبھی کچھ تو میسّر تھا۔ البتہ شیرخواری کے زمانے میں بچّوں کو ماں کا پیار اور اس کی توجّہ خود قدرت نے عطا کر رکھی تھی جس سے وہ اس عمر تک لطف اٹھاتا کہ وہ خود اپنے پاؤں پر سیدھے کھڑا نہ ہو جائے۔ ماں اور باپ سے ہٹ کر بھائی بہن اور دوسرے قریبی رشتہ دار بھی وقتِ ضرورت ایک دوسرے کے لئے موجود رہتے۔ اب سوچئے ان حالات میں انسان کیسے خدمتگار نوکر یا خادم کی حیثیت سے کام کرے۔ دیگر مخلوقات جیسے چرند پرند حیوان

درندے، چوپائے ان میں کبھی کوئی دوسرے کا تابع دار نہیں ہوتا۔ پھر یہ کیسے ہو گیا کہ انسان اشرف المخلوقات ہوتے ہوئے بھی ایک دوسرے کا مالک یا حاکم بن بیٹھے؟ آخر یہ نوکری کا چکر چلا کیسے؟ اور جو پھر چلا تو چلتا ہی گیا۔ ایک لامتناہی سلسلہ۔ ایک دائمی مرض کی حیثیت سے یہ پختہ ہو گیا! ور قائم و دائم ہے۔

شاید پہلے پہل تو ایسی کوئی مجبوری ہوگی جس کے تحت کسی نے اوروں سے مدد مانگی ہوگی۔ اور اس کا معاوضہ دیا ہوگا۔ یا پھر کسی نے اپنی طاقت یا صلاحیت کے بل بوتے پر کسی اور کی دستگیری کی ہو اور اس کے لئے معاوضہ طلب کیا ہو بہر کیف جو بھی ہوا ہو، جن حالات میں ہوا ہو یہ چکر چل گیا۔

آج نوکری کے طلب گار بے حد و بے حساب ہیں جبکہ نوکریاں، جائیدادیں اور نوکری دینے والے معدودے چند۔ اس کا نتیجہ یہ ہے کہ ہر طرف نوکری ہی نوکری نظر آتی ہے۔ ایک جگہ خالی ہوتی ہے تو ہزاروں درخواست گزار لائن باندھے کھڑے ہو جاتے ہیں۔ کبھی کبھی تو بعض ناہنجار اس صورتِ حال سے فائدہ اُٹھانے کے لئے بیس پچیس روپے کا اشتہار دے دیتے ہیں اور کوئی پوسٹ بکس نمبر دے دیتے ہیں اور خاموشی سے پانچ دس صفحوں کی عرضیاں وصول کرتے ہیں۔ کچھ دنوں میں اس طرح سینکڑوں روپے کی ردی جمع ہو جاتی ہے جس کو بیچ کر وہ پیسہ ہضم کر جاتے ہیں۔

نوکری کے حصول کے چکر میں پھنسنے والا پہلے تو اپنی ڈگریوں اور سرٹیفکیٹ کے نقول بناتا پھرتا ہے۔ تعریف و توصیف کے خطوط حاصل کرتا ہے جن کی بے حساب نقول بھی تیار کرنا ہوتا ہے۔ کچھ صاف ستھرے کپڑے سلواتا ہے۔ اس کے بعد روزانہ اخبار کے "وانٹیڈ" کالم چاٹ ڈالتا ہے جہاں بھی اُمید کی کرن نظر آئے دوڑا دوڑا جاتا ہے۔ گھنٹوں وقت برباد کرتا ہے۔ اس کے بعد کہیں پتہ چلتا ہے کہ وہ آسامی تو کبھی کی پُر کی جا چکی ہے اور بہت دیر سے

یہ بات سمجھ میں آتی ہے کہ ڈگری، ڈپلوما، صلاحیت، لیاقت کچھ کام نہیں آتے ہیں۔ سب سے زیادہ سفارش کی ضرورت ہوتی ہے جو رشتہ داری یا کسی قریبی تعلق سے ہی حاصل ہوتی ہے۔ ایک بار نوکری اور ملازمت کا سلسلہ جڑ جاتا ہے تو پھر یہ غلامی کی زنجیر سے بھی زیادہ مستحکم ہوتا ہے جس سے آدمی کبھی بھی چھٹکارا نہیں پاتا۔ آج کل نوکری پچھلے زمانے کی غلامی سے بھی زیادہ بھیانک اور تکلیف دہ ہوتی ہے۔ اس نوکری کے چکر میں ماہ بہ ماہ مقررہ یافت کچھ اس طرح ہاتھ میں آتی ہے کہ آدمی کسی اور کام کا نہیں رہتا اِلّا اس کے کہ وقتِ مقررہ کا شدت سے انتظار کرتا رہے۔ دوسرے سارے بندھن ٹوٹتے بندھتے رہتے ہیں لیکن نوکری کا چکر کبھی نہیں ٹوٹتا اور اسی چکر میں کروڑوں کی زندگیاں بندھی ہیں۔

بعض بعض مقام تو ایسے ہیں کہ یہ بالکل سمجھ میں نہیں آتا کہ نوکر یا مزدور زیادہ اہم ہے کہ مالک یا آجر۔ اس چکر میں تو دونوں ہی اپنی اپنی جگہ اہمیت رکھتے ہیں۔ لگتا ہے ایک دوسرے کے لئے لازم و ملزوم ہیں۔ فرق یہی ہے کہ نوکریاں کم ہیں اور نوکری کے خواہش مند اور ضرورت مند بےحساب۔ بیشک بعض ممالک ایسے ہیں کہ جہاں صورتِ حال اس سے مختلف بھی ہے — ان ممالک میں کاریگر، فن دان، ہنرمند اور گھریلو نوکروں کی کمی ہے وہاں پر نوکری کے طلب گار منہ مانگی اجرت اور تنخواہ پانے کے موقف میں ہیں۔ ایک بار ہم نے سنا کہ جب مالکن اپنی خادمہ پر بےحد ناراض ہوئیں تو خادمہ نے صاف صاف کہہ دیا کہ مالکن اس کے ساتھ وہ برتاؤ نہیں کر سکتی جو وہ اپنے شوہر کے ساتھ روا رکھتی ہے اس لئے کہ وہ بےچارہ تو گھر چھوڑ کر کہیں اور جا نہیں سکتا۔ برخلاف اس کے نوکر تو نوکر ہے آج یہاں تو کل کہیں اور۔

✢ ✢ ✢ ✢

ہم کہیں اور سُنا کرے کوئی

ویسے تو لوگوں کی عدم موجودگی میں ان کی بُرائی کرنا عام ہے مگر کسی کی بُرائی اس کے سامنے کرنے کو آپ کا جی چاہے تو بس ایسے شروع کیجیے : " بھئی لوگ یوں کہتے ہیں کہ ـــــ " اور پھر سب کچھ کہہ ڈالیے ۔ سُننے والے کی مجال نہیں کہ وہ آپ سے ناراض ہوجائے ۔ نہ ہی اس کی ہمت ہوگی کہ پوچھے آخر وہ کون لوگ ہیں جو ایسا کہتے ہیں ۔ آپ صاف صاف کہہ دیجئے کہ آپ یہ نہیں چاہتے کہ آپس کے تعلقات خراب ہوں ۔ اور پھر کسی اور کی کہی ہوئی بات آپ خود اس کے حوالہ سے کیسے کہہ سکتے ہیں ؟

اگر اس طرح کی بات پہ آپ کو اندیشہ ہو کہ شاید بات بڑھ جائے اور کشیدگی پیدا ہو تو اسی بات کو کہنے کا ایک اور طریقہ ہے ۔ کہئے کہ دنیا

میں بھی عجیب عجیب لوگ بستے ہیں۔ بے وقوف، احمق، پاگل، کمینے، پھر جو بات کہنی ہو وہ دل کھول کر کہہ ڈالیے۔ اشارۃً میں دل کی بھڑاس بھی نکل جائے اور سننے والے کو موقع بھی نہ ملے کہ برا ماننے۔

کبھی کبھار کسی اور کی کہی ہوئی بات کو الٹ کر اسی عیب یا برائی کو کہنے والے کے سر اس طرح تھوپا جا سکتا ہے کہ مدِ مقابل تڑپ کر رہ جائے۔

کسی کی عیب جوئی کرنا ہو، اس کی برائیاں منظرِ عام پر لانا ہو تو سب سے موثر، کارگر اور ساتھ ساتھ دلچسپ طریقہ ہے اک کردار کی تخلیق۔ ایک فرضی شخصیت کا سہارا لیجیے اور پھر وہ ساری برائیاں اس پر چسپاں کرتے جائیے جو آپ کے دل و دماغ میں کھول رہی ہیں اور جن کو کھلے بندوں آپ کسی کے متعلق کہتے ہوئے ہچکچاتے ہوں۔

ہم جس کالج میں پڑھتے تھے اس کے قریب ہی ایک خوب صورت سرکاری باغ تھا۔ سب طلبا اپنی فرصت کے گھنٹے بتانے کے لئے باغ پہنچ جاتے تھے۔ لڑکے تو لڑکے ہی ٹھہرے۔ کبھی لان پر لوٹتے کبھی پھول توڑتے اور نت نئی شرارتیں کرتے۔ اس کی روک تھام مالی نہ کر پائے تو باغ کے مہتمم نے لڑکوں کو ڈرایا دھمکایا۔ بات اتنی بڑھی کہ سرد جنگ ٹھن گئی۔ زندہ دلوں نے اپنے دل کی بھڑاس نکالنے کے لئے ایک کتابچہ جہالستان کے نام سے شائع کر دیا جس میں ان ہی مہتمم صاحب کے کردار کو خوب اچھالا گیا۔ کہیں تو یہ کہا گیا کہ یہ جب باغ کے معائنہ کو نکلے تو زوردار بارش ہو گئی اور انھوں نے دیکھا کہ مالی مالن درختوں کو پانی دینے کا کام چھوڑ کر سائبان تلے بیٹھ کر بیڑیاں پی رہے ہیں۔ یہ ان پر برس پڑے کہ اپنا مقررہ کام کیوں نہیں انجام دیتے۔ اس پر مالیوں نے پوچھا کہ بارش میں کیسے کام کر سکتے ہیں؟

اس عذر پر جھنجھلا کر بولے " بارش ہو رہی ہے اور تم لوگ بھیگنے سے ڈرتے ہو تو چھتریاں لے کر درختوں کو پانی کیوں نہیں دیتے ۔۔۔" ایک اور روایت ہے کہ باغ میں کچھ مالی گڑھے کھود رہے تھے اور جو مٹی نکلتی تھی وہ کہیں دور لے جا کر پھینکتے تھے ۔ انھوں نے دیکھا کہ دُور جانے آنے میں مالیوں کا وقت لگتا تھا اور کام سستی سے چل رہا تھا ۔ انھوں نے ڈانٹا کہ اتنی دُور کیوں جاتے ہو قریب میں ایک اور گڑھا کھود دو اور اس میں یہ ساری مٹی ڈالتے جاؤ ۔

اس طرح جمالستان کے ذریعہ ایک دلچسپ کردار کو زندہ جاوید کر دیا گیا ۔ اگر اپنے طور پر کسی کردار کی تخلیق ممکن نہ ہو تو بہت سارے کردار جو موجود ہیں ان کا سہارا لیا جا سکتا ہے ۔ اور ان کی حکایتیں بیان کر کے اپنے حریف کو دل کھول کر بُرا بھلا کہا جا سکتا ہے ۔ کسی کی حماقت اور بے وقوفی کی باتیں برداشت نہ ہوں تو فوراً شیخ چلی کا تذکرہ چھیڑ دیجئے ۔ دو ایک قصے سُنا دیجئے کہ کس طرح شیخ چلی نے بڑے بڑے منصوبے باندھے اور ناکام رہے ۔ لوگ ضرور سمجھ جائیں گے کہ اشارہ کس کی طرف ہے ۔

لوگ غیر ضروری اور ناقابلِ عمل مشورے دینے کے عادی ہوتے ہیں ۔ ایسے کسی شخص کی بے سر و پا باتوں سے تنگ آ جائیں تو فوراً لال بجھکڑ کا قصہ شروع کر دیجئے کہ وہ کس طرح ہر بات میں اپنی ٹانگ اڑاتے تھے اور کیسے کیسے مضحکہ خیز مشورے دیا کرتے تھے مثلاً کسی عمارت کی تعمیر کا ذکر ہو تو آپ کہہ سکتے ہیں کہ لال بجھکڑ سے کسی نے پوچھا " قطب مینار جیسی اُونچی عمارت کس طرح تعمیر ہوئی ہوگی ؟" انھوں نے بتایا " ارے وہ کونسی مشکل بات ہے اگر اُونچا ہی اُونچا بنانا مشکل تھا تو ظاہر ہے کہ اس زمانے کے معماروں نے اس کو زمین پر لٹا کر بنا لیا اور پھر بآسانی کھڑا کر دیا جس کا مذاق اُڑانا مقصود ہو اس کی طرف مخاطب ہو کر کہئے " اور جو آپ جیسے دانشور ہوتے تو شاید اس سے بھی بہتر مشورہ دیتے

کہ زمین کے اندر ہی اندر اتنا ہی گہرا اور چوڑا گڑھا کھود دیجیے اور جب وہ زیرِ زمین مکمل ہو جائے تو اس کو اُلٹ کر زمین پر کھڑا کر دیجیے ــــ قطب مینار تیار ہے۔"

کسی کو راست احمق کہہ دینا یقیناً خلافِ تہذیب ہے لیکن کسی کی حماقت کی بات برداشت نہ ہو رہی ہو تو فوراً احمق الّذی کا ذکر چھیڑ دیجیے اور بتائیے کہ اس نے ایسے ہی حالات میں یہ حرکت کی تھی۔ اشارہ صاف ان ہی حضرت کی طرف ہو اور بات کسی اور کی۔ اس کے بعد دیکھیے وہ صاحب کس طرح تلملا کر رہ جاتے ہیں۔ آپ اس قسم کا واقعہ سُنا سکتے ہیں ــــ احمق الّذی کے پڑوس کی عمارت میں آگ لگی اور وہ اس قدر پھیل گئی کہ دوسری منزل پر ایک آدمی آگ کی لپٹوں میں پھنس گیا اور وہ مدد کے لیے چلّانے لگا۔ احمق الّذی نے فوراً ایک لمبی رسی اُوپر پھینکی اور اس آدمی سے کہا کہ اپنی کمر میں باندھ لے۔ موقعہ کچھ ایسا نازک تھا کہ اس نے بنا سوچے سمجھے رسی باندھ لی اور جیسے ہی اس نے اشارہ کیا، انھوں نے طاقت سے رسّی کھینچی اور وہ شخص دوسری منزل سے نیچے گر پڑا۔ اس کی ہڈی پسلی، ہاتھ پیر سب چکنا چور ہو گئے۔ احمق الّذی نے تعجب کا اظہار کرتے ہوئے کہا "کچھ دن پہلے ایک شخص کنویں میں گر گیا تھا تو میں نے اسی طرح رسّی نیچے پھینکی اور اس کو اُوپر کھینچ لیا ــــ" اس حماقت اور کج فہمی کا کیا جواب ہو سکتا ہے۔

کبھی کبھی کردار ایک سے زیادہ بھی تخلیق کیے جاتے ہیں تاکہ دونوں کی نوک جھونک اور چشمک کا لطف اُٹھایا جاتا ہے۔ کبھی بات ایسی ویسی ہو جائے اور کہیں منہ در منہ بات، حیرت اور لعن طعن کا سلسلہ شروع ہو جائے تو ان کے حوالے سے بات ٹالی جا سکتی ہے۔ شہنشاہ اکبر کے دربار میں تذکرہ چھڑ گیا کہ دنیا میں اندھوں کی تعداد کیا ہے۔ راجہ بیربل نے کہا "عالم پناہ! میری رائے میں تو ۹۹ فی صد لوگ اندھے ہیں۔" حیرت تو سب کو ہوئی لیکن مُلّا دو پیازہ

نے اس کی تصدیق چاہی ۔ راجہ بیربل نے کہا کہ وہ اس کا ثبوت دوسرے دن بھرے دربار میں پیش کریں گے ۔ چنانچہ دوسرے دن حسب معمول دربار شروع ہونے سے قبل راجہ بیربل نے شاہی تخت کے سامنے ایک پلنگ رکھا اور اس پر نواڑ باندھنے لگے ۔ جیسے جیسے دربار بھرتا گیا وزرا، اعلیٰ حکام، مصاحب سب، ہی آنے لگے اور ان سب کا پہلا سوال راجہ بیربل سے یہ تھا کہ وہ کیا کر رہے ہیں یہ بڑے دھیرج سے سب کو جواب دیتے رہے اور لوگوں کی حیرت بڑھتی رہی جب سب حاضر ہو چکے اور سبھی یہ سوال کر چکے تو راجہ بیربل نے ان سب کی ایک فہرست شہنشاہ عالم کی خدمت میں پیش کی اور سر فہرست یہ لکھا "اندھوں کی فہرست کہ جو دربار میں حاضر ہیں۔" شہنشاہ اکبر نے حیرت سے پوچھا " یہ اندھے کیسے ؟" راجہ بیربل نے بتایا " حضور اقدس ! اگر یہ آنکھ کے اندھے نہیں تو اپنی نظروں کے سامنے مجھے پلنگ کی نواڑ باندھتے ہوئے دیکھ دکھا کر کیوں پوچھتے تھے کہ میں کیا کر رہا ہوں ۔"

اس طرح ملّا دو پیازہ سے منسوب ایسی بہت ساری حکایتیں ہیں جو اس بات کا ثبوت ہیں کہ ان کی ذات پر کئے ہوئے وار کو وہ بہ آسانی دوسروں پر اُلٹ دیتے تھے ۔ روایت ہے کہ راجہ بیربل نے کچھ مصاحبوں کو بتا کر شاہی باغ کے حوض کے اندر انڈے چھپا دیئے ۔ گرما کی خوشگوار دوپہر میں جب اس باغ میں سب اکٹھے ہوئے تو راجہ بیربل نے کہا " دیکھیں سرکار کے درباری کتنے اچھے تیراک ہیں ۔ انھیں حکم دیجئے کہ پانی کی تہہ سے انڈے نکال کر لائیں ۔ وہ تمام مصاحب جنھیں پہلے سے پتہ تھا اور جو اس سازش میں شریک تھے دھڑا دھڑ پانی میں کودتے گئے اور انڈے نکالتے گئے ۔ ملّا دو پیازہ پر بھی حکم کی تعمیل واجب تھی ۔ لیکن انھیں کچھ پتہ نہ تھا اور باوجود تلاش بسیار ان کے ہاتھ ایک بھی انڈا نہ لگا ۔ سب کے سامنے یہ خجل بھی ہونا نہ چاہتے تھے اس لئے وہ پانی

سے اُوپر آ گئے اور "ککڑوں کوں ککڑوں کوں" کی صدا لگانے لگے۔ شہنشاہ نے ڈانٹ کر پوچھا "یہ کیا حرکت ہے"۔ ملّا دو پیازہ بولے، جہاں پناہ! جو مرغیاں تھیں انھوں نے انڈے دیئے، میں مُرغا ہوں اور سرکار مرغے انڈے نہیں دیتے۔ اس قسم کے قصّے کہہ کر آپ کسی کو بھی مرغی بنا سکتے ہیں۔

ملّا نصیرالدین کی بین الاقوامی شخصیت ہے۔ ان پر ہر لطیفہ بہ آسانی چسپاں ہو سکتا ہے۔ چاہے وہ عقل مندی کی بات ہو کہ بے وقوفی کی۔ آپ اگر اپنے پڑوسی سے نالاں ہوں، اس کی دست درازیوں سے پناہ مانگتے ہوں، اگر وہ وقت بے وقت آپ سے چیزیں مستعار لیتا ہو اور واپس نہ کرتا ہو تو اس پر ان کا یہ قصّہ آزما کر دیکھئے۔ انھوں نے اپنے پڑوسی سے تلنے کا برتن مانگا۔ دو تین دن استعمال کے بعد اس برتن کو واپس کرتے ہوئے ایک اور اسی نمونہ کا چھوٹا سا برتن بھی ساتھ میں دیا۔ پڑوسی نے تعجب سے پوچھا، یہ دو فرائنگ پین کیسے میں نے تو ایک ہی دیا تھا"۔ ملّا نصیرالدین نے معصومیت سے کہا" جی بات یہ ہے کہ آپ کے برتن کے بچّہ تولد ہوا۔ میرا فرض ہے کہ وہ بھی آپ ہی کی خدمت میں پہنچا دوں"۔ پڑوسی پہلے تو یہ بات سمجھ نہ پائے لیکن یہ خیال کرکے کہ چلو بے وقوف آدمی ہے اس کی ناسمجھی سے فائدہ اُٹھانا چاہئے۔ شکریہ کے ساتھ وہ دونوں برتن رکھ لیئے۔ بات گئی گزری ہو گئی۔ کچھ دنوں بعد یہ پھر پڑوسی کے پاس پہنچے اور پکوان کے لیئے ایک من کی کڑھائی مانگی۔ پڑوسی نے خوشی خوشی ان کو دے دی۔ جب کچھ دن بیت گئے، ملّا نصیرالدین نے اس برتن کو واپس کرنے کا نام نہ لیا تو پڑوسی نے یاد دلایا اور واپس مانگا۔ ملّا نصیرالدین نے رونی صورت بنا کر بڑی غمگین آواز میں کہا "کیا بتاؤں بھائی صاحب! آپ کی کڑھائی کو موت آ گئی اور ہم نے اس کو دفنا دیا۔" پڑوسی نے چمک کر کہا کیا بات کر رہے ہو؟ ملّا نصیرالدین نے کہا "دیکھئے حضرت! جب فرائنگ پین

کے لڑکا ہوا تو ہیں نے دونوں آپ کو دے دیئے۔ جب ایک برتن کو بچہ تولد ہوسکتا ہے تو کیا دوسرے برتن کو موت نہیں آسکتی ہے

رتن ناتھ سرشار نے فسانۂ آزاد میں لکھنؤ کے روزمرہ کے واقعات کو خوجی کے کردار کے گرد سجایا ہے۔ یہ بات بات پر قسم کھاتا ہے، ڈینگیں مارتا ہے، لاف زنی کرتا ہے۔ آپ کسی کی شخصیت کو مجروح کرنا چاہیں تو اُس کی اس قسم کی حرکتوں پر راست حملہ نہ کیجئے بلکہ خوجی کے نام سے انھیں باتوں کی کھلی اڑایئے اور پھر محفل کا ردِعمل دیکھئے۔

کبھی قولِ محال کا سہارا بھی لیا جاسکتا ہے جیسے کسی پر طنز کرنا ہو تو بالواسطہ کہئے "آنکھوں کے اندھے نام نین سکھ ــــ" پھاوڑے کا نام گُل صفا؛ چلتی کا نام گاڑی" رنگی کو کہے نارنگی "۔

کسی کی اُوٹ پٹانگ گفتگو کو لوگوں کی نظر میں گرانا ہو تو اس کی ضرورت نہیں کہ آپ راست یہ کہیں کہ یہ غلط سلط باتیں کر رہا ہے۔ ایسے وقت چچا چھکن کی یاد تازہ کیجئے اور بتایئے کہ چچا چھکن کی کسی نے عمر دریافت کی تو وہ بولے "میں اپنے چھوٹے بھائی سے عمر میں تین برس بڑا ہوں" کسی نے پوچھا "وہ کیسے معلوم ہوا آپ کو؟" یہ بولے "ایک سال قبل میرے بھائی نے بتایا تھا کہ میں ان سے دو سال بڑا ہوں۔ لہٰذا اب مجھے تین سال بڑا ہونا چاہئے اور اس رفتار سے وہ دن دور نہیں کہ جب میں اس کے دادا کی عمر کو پہنچ جاؤں گا"۔

حاجی لق لق کا بھی کچھ عجیب وغریب کردار ہے۔ جب لوگ آپ سے ایسی باتیں کر رہے ہیں کہ جن سے کچھ لینا دینا نہ ہو تو آپ ان کے اس قصہ کو دُہرا سکتے ہیں ـــــ حاجی لق لق سے کہا گیا "آپ کے پڑوس میں زبردست دعوت کی تیاریاں ہو رہی ہیں"۔ حاجی لق لق نے پوچھا "اس سے مجھے کیا

مطلب ہے" ان کے دوست نے بتایا" مگر آپ کو وہ مدعو کر رہے ہیں" اس پر انھوں نے جھٹ سے پوچھا" تو پھر اس سے آپ کو کیا مطلب" ظاہر ہے آپ پر طنز کیا گیا ہے۔ وہ تو یہ قصہ سن کر پانی پانی ہو جائے گا۔

جب کوئی لاف گزاف کر رہا ہو، بے ہودہ شیخیاں بگھار رہا ہو، زٹل باتیں کر رہا ہو تو جعفر زٹلی یاد آتے ہیں۔ ان کے تعلق سے یہ حکایت بہ آسانی چسپاں کی جاسکتی ہے۔ انھیں عادت تھی اپنی بڑائی جتانے کی اور اپنے جلیل القدر باپ کے تعلق سے موقعہ بے موقعہ کہا کرتے" آپ نہیں جانتے میرے والد محترم کون ہیں" لوگ سنتے سنتے عاجز آ گئے۔ ایک دن کسی دل جلے نے اپلٹ کر پوچھ لیا تو کیا آپ خود بھی جانتے ہیں اپنے باپ کو" مذکورہ بالا کرداروں کے علاوہ تیس مار خاں، پانڈے خاں، مرزا جی، قاضی جی، منشی جی، مرزا بندوقچی جیسے اور بہت سارے کردار ہیں جن سے استفادہ کیا جاسکتا ہے۔

یہ ہوئے مشہور و معروف مرد کردار۔ کچھ خواتین بھی ہیں جیسے "خانم" یہ ایک نوجوان خاتون کا کردار ہے، جو اپنے شوہر کے ساتھ گھومتی پھرتی ہے۔ کچھ نوجوانوں کو بے وقوف بناتی ہے۔ شوہر کا ساتھ دے کر شرارتیں کرتی ہے اور الجھنوں سے صاف نکل آتی ہے ــــ دوسرا ایک ضعیف عورت کا کردار ہے نانی عشو۔ کسی سن رسیدہ خاتون کو غیبت، چغلی اور بد گوئی میں مصروف دیکھئے تو فوراً نانی عشو کی یاد تازہ کیجیے اور دیکھئے کہ وہ بیگم صاحبہ کیسی چپ سادھ لیتی ہیں۔

قلمی کردار نگاری کے ساتھ ساتھ آج کل کارٹون سازی بھی ایک کارگر حربہ ہے۔ بڑے سے بڑے آدمی کا کارٹون بنائیے اور اس کی کہی ہوئی بات کو توڑ موڑ کر مزاحیہ انداز میں پیش کیجیے۔ نہ تو ازالہ حیثیت عرفی کا دعویٰ ہو سکتا ہے نہ ذلت و ہتک کا زمانہ اس قدر متمدن ہو چکا ہے کہ ان مہذب حربوں سے کام لینا ناگزیر ہو گیا ہے اور اور راست وار کرنے سے زیادہ یہ بالواسطہ حملہ زیادہ ہی موثر ہوتا ہے۔

جیو اور جینے دو

جہاں تک اپنے جینے کا تعلق ہے مختصر طریقہ پر حضرتِ ذوقؔ کی زبان میں یہی کہا جا سکتا ہے ؎

لائی حیات آئے، قضا لے چلی چلے
اپنی خوشی سے آئے نہ اپنی خوشی چلے

بات یہیں تک رہتی تو ٹھیک تھا۔ اپنے آپ کو مہمان سمجھتے، وہ بھی مہمانِ خصوصی کہ ہر روز، عمر تمام سب کچھ اپنے قدموں پر ہوتا۔ حکم چلاتے۔ نہ فکرِ فردا کرتے نہ ماضی کا غم۔ وہ تو بس جنّت ہوتی کہ جہاں من و سلویٰ ہر وقت حاضر۔ دودھ اور شہد کی نہریں چل رہی ہیں۔ موسم ایسے کہ جو اپنے من کو بھائیں۔ کہیں جانے آنے کا، سواری کا مسئلہ ہی نہیں۔ کوئی الجھن نہ کوئی تشویش، کوئی حاکم نہ کوئی پوچھ تاچھ کرنے والا۔

ایسے میں تو منکر نکیر بھی بے روزگاری کے دفتر میں چکّر کاٹتے دکھائی دیتے

کہ جہاں عشق و آرام من بھاتا کھا جا۔ نیکی اور نیکوکاری، مذہب اور دھرم، عشق اور محبت، رقابت، رشک، و حسد، مار دھاڑ نہ ہو۔ وہاں فرشتے کس بات کا حساب کتاب رکھتے اور کیا ہوتی ان کی مصروفیت۔

لیکن اس جنت سے کروڑہا برس پہلے باوا آدم نکالے گئے۔ اب تو اس کا تصور بھی صحیح طور پر نظروں میں نہیں سماتا۔

زندگی کی پہلی سانس سے لے کر موت کی آخری ہچکی تک اتنی ساری اُلجھنیں اور کٹھنائیاں اور پیچیدگیاں انسان کی قسمت پر حاوی ہیں کہ لگتا ہے ؎

قیدِ حیات و بندِ غم اصل میں دونوں ایک ہیں
موت سے پہلے آدمی غم سے نجات پائے کیوں

اور پھر اس پر قادرِ مطلق کا حکم ہے کہ جیو اور جیئے جاؤ۔ دانستہ نادانستہ غلطیوں کا خمیازہ بھگتو۔ کبھی بھوک پیاس کی صعوبتوں کے ساتھ، کبھی دکھ درد تو کبھی بیماری۔ کبھی کبھی تو اس بات پہ حیرانی ہوتی ہے کہ آدمی جیتا کس طرح ہے۔ ہر سانس نپی تلی دل کی دھڑکنیں مقرر ہیں، اعضائے رئیسہ ایک نظام کے تحت معینہ حدود میں متحرک ہیں ؎

غمِ ہستی کا اسدؔ کس سے ہو جز مرگ علاج
شمع ہر رنگ میں جلتی ہے سحر ہونے تک

گویا زندگی کیا ہوئی، حکمِ حاکم، مرگِ مفاجات۔ جیو بس جیو، نہ شکوہ نہ شکایت ؎

زندگی کی راہوں میں غم بھی ساتھ چلتے ہیں
کوئی غم پہ ہنستا ہے کوئی غم پہ روتا ہے

جی ہاں! زندگی عبارت ہے ہنسنے اور رونے سے۔ رونا تو از بس ضروری ہے۔ پیدا ہوتے ہی اولین سانس کے ساتھ رونا پڑتا ہے۔ مگر نومولود کے اس رونے پر ساری دنیا ہنستی ہے۔ عزیز و اقارب کھل اٹھتے ہیں اور بچے کی آئندہ زندگی کے پلان بنانے

شروع کر دیتے ہیں۔ کوئی سوچتا ہے اسے انجینیر بناؤں گا، ڈاکٹر بناؤں گا، وکیل بناؤں گا اور کوئی اس کو مصوّر، شاعر اور وزیر بنانے کا خواب دیکھتا ہے۔ مگر کوئی یہ نہیں سوچتا کہ اسے بڑا ہو کر خود جیو اور جینے دو پر کاربند ہونا پڑے گا۔ یعنی اس کی زندگی سفرِ حیات میں انسانی اخوت اور محبت کا مظاہرہ کرنے والی ثابت ہو۔

غرض اس نکتہ کو چھوڑ کر اور تمام پہلوؤں سے اس کی زندگی کو سجانے کے ارادے کئے جاتے ہیں اور بس زندگی چل پڑتی ہے۔ سائنس دان حساب لگا کر بتاتے ہیں کہ چوبیس گھنٹے میں اتنی ہزار سانسیں اور اتنی ہزار دل کی دھڑکنیں وغیرہ وغیرہ مگر اس کا تجزیہ کوئی نہیں کرتا کہ اس جینے کے پیچھے کتنی ہزار کاوشیں، لاکھوں سعیٔ پیہم چھپی رہتی ہیں۔ دُکھ، سکھ، تندرستی، بیماری، غربت، نیکی بدی، اُونچ نیچ، یہ سب زندگی کے بندھن ہیں۔ کوئی اِدھر کھینچتا ہے کوئی اُدھر۔ اس رسہ کشی میں اور بھی حال پتلا ہو جاتا ہے اور جو حساس دل رکھتا ہے چلّا اُٹھتا ہے ؎

ترے آزاد بندوں کی نہ یہ دنیا نہ وہ دُنیا
یہاں مرنے کی پابندی، وہاں جینے کی پابندی

اور کبھی کبھی تو یہ اُلجھنیں اتنی زبردست شکل اختیار کر لیتی ہیں کہ بے اختیار یہ کہنے کو جی چاہتا ہے ؎

اک معمہ ہے سمجھنے کا نہ سمجھانے کا
زندگی کاہے کو ہے خواب ہے دیوانے کا

ہر تصویر کے دو رُخ ہوتے ہیں۔ میں نے کچھ یاسیت اور قنوطیت کی باتیں کی ہیں میں نے کچھ اندھیرے دیکھے ہیں، مگر دنیا میں اور بھی بہت ساری باتیں ہیں۔ اکثر لوگ تو زندگی کے اُجالوں میں جیتے ہیں، اندھیروں میں جگمگاتی روشنی بکھیرتے ہیں اور کہتے ہیں ؎

میری فطرت کو اندھیروں سے بڑی نفرت ہے
برق ہی ڈال دو، کچھ دیر اُجالا تو رہے

ان میں بہت سارے تو ایسے ہیں جو طوفان و حوادث کا مقابلہ خندہ پیشانی سے کرتے ہیں اور ایسا کرتے ہیں کہ طوفانوں میں بھی ساحل ان کے قدموں تک آجاتا ہے ۔ یہ اپنی زندگی بناتے چلتے ہیں اور دوسروں کے لئے بھی راستے ہموار کرتے جاتے ہیں۔

ان میں کچھ تو شیخ چلّی ہوتے ہیں کہ ہوائی قلعے یا ہوا میں محل بناتے رہتے ہیں ۔ ہوائی باتوں پر چلتے ہیں لیکن وہ اپنے آپ میں بے حد خوش و خرم رہتے ہیں ۔ ان کی اپنی زندگی انھیں پیاری ہوتی ہے ۔ کوئی مضائقہ نہیں کہ اُن کی اسکیمیں کامیاب نہ ہوں ، ان کی یوجنائیں فیل ہو جائیں ۔ وہ اپنے آپ میں مگن اور سرشار رہتے ہیں ۔ یہ خوب جیتے ہیں اور دوسروں کو بھی جینے دیتے ہیں ۔ ان کے راستے میں نہیں آتے ۔ کچھ لوگ تو ایسے ہوتے ہیں کہ خود بخوبی جیتے ہیں مگر دوسروں کی زندگی اجیرن کئے ہوتے ہیں ۔ خدائی فوجدار بن بیٹھتے ہیں ۔ ناصح اور صلاح کار ہوتے ہیں ۔ کوئی ان سے پوچھے نہ پوچھے یہ ضرور اپنی ٹانگ اڑاتے ہیں ۔ ایسے مشورے دیتے ہیں کہ جن پر خود انھوں نے کبھی عمل نہیں کیا ، اور نہ عمل کرنے کا ارادہ رکھتے ہیں ہر وقت اپنی بڑائی ہانکتے ہیں اور اپنے منہ میاں مٹھو بنے ہوتے ہیں ۔ ان میں کچھ معقول ہوتے ہیں اور دوسروں کو دردِ سر دیتے ہیں اور " بور " کہلاتے ہیں ۔ اور جو ماہرِ فن ہو جاتے ہیں وہ دوسروں کے لئے مصیبت بن جاتے ہیں ۔ بات بات میں اپنے 'تجربے' اپنی 'حکمتِ عملی' اپنی کامرانی ۔ ایسے لگے گا کہ بس یہی سب کچھ ہیں' کرتا دھرتا ۔ اور انہی کے بل بوتے پر زندگی چل رہی ہے ۔

کچھ لوگ تو ایسے بھی ہیں کہ جو بات بات پر دوسروں کو بڑھاوا دیں گے ' ان کی بے جا سراہنا کریں گے ' اور ایسے مشورے دیں گے کہ اُن مشوروں پر عمل کرنے والے کو کھنڈے میں گرا کر چھوڑیں گے ۔ برخلاف اس کے ایک اور

گروہ ہے جو ہر قدم پر آپ کے حوصلے پست کرتا ہے اور آپ کی ہمت توڑتا ہے اسے زندگی ہر موڑ پر ختم ہوتی دکھائی دیتی ہے۔ آپ اگر مکان بنانا چاہتے ہیں تو یہ اتنے سارے نقصان گنائیں گے کہ اس خیال سے ہی توبہ کر لیں گے، آپ موٹر خرید رہے ہوں یہ پیٹرول کی قیمتوں کے اضافہ کا دکھڑا ر دیں گے، ڈرائیوروں کی برائیاں کریں گے، آج کل کی موٹروں کے کل پرزوں کی خرابی کی لمبی فہرست سنا ڈالیں گے۔ غرضیکہ آپ کو جینے نہ دینے کا پورا سامان مہیا کریں گے۔

"جینے دینا" پر ایک بڑا دلچسپ واقعہ یاد آرہا ہے۔ جب ڈاکٹر ذاکر حسین صدر جمہوریہ تھے۔ بہت لوگ ان سے ملنے آیا کرتے تھے اور اپنے لئے باعث فخر و افتخار سمجھتے اور صاف صاف یہ بھی ظاہر کرتے کہ اس ملاقات کا اعزاز انھیں بہت عزیز رہے گا۔ ایسے ہی ایک صاحب وقت مقررہ پر ملاقات کے لئے پہنچے۔ اِدھر اُدھر کی باتیں ہوتی رہیں۔ ڈاکٹر ذاکر حسین صاحب نے یوں ہی پوچھا کہ کوئی خاص بات ہے جس کے لئے آپ تشریف لائے ہیں۔ انھوں نے کہا " جی نہیں۔ کوئی خاص بات نہیں، یوں ہی سوچا آپ جیسی عظیم المرتبت ہستی سے مل لوں گا۔ کہنے کو تو رہے گا کہ آپ سے ملاقات کا شرف ملا تھا۔" ڈاکٹر صاحب اس جملے پر مسکرائے اور پھر پوچھا " تو کہئے اور کس کس سے اس دلّی شہر میں آپ کی ملاقات رہی:" انھوں نے کہا " یہی کوئی پانچ چھ سال پہلے یہاں کسی کام سے آیا تھا تو سوچا کہ چلو حکیم اجمل خاں صاحب سے مل لوں۔ کہنے کو تو رہے گا کہ ان سے بھی نیاز حاصل ہوا تھا۔" ڈاکٹر صاحب نے پوچھا " ان سے پھر کبھی ملاقات ہوئی کہ نہیں؟" یہ بولے " کہاں صاحب وہ اس کے بعد ہی گذر گئے۔ البتہ ایک بار اور آیا تو سوچا، ڈاکٹر انصاری سے مل لوں، کہنے کو تو رہے گا کہ ان سے بھی ملاقات ہوئی تھی:" اور خود ہی کہنے لگے " مگر دیکھئے صاحب وہ بھی نہیں رہے اور

بس کہنے کو رہ گیا کہ ان سے ملاقات کی سعادت نصیب ہوئی تھی" اس پر ڈاکٹر ذاکر حسین صاحب مسکرائے بغیر نہ رہ سکے اور بڑی خندہ پیشانی سے پوچھا۔ تو آپ ہمیں کتنی مہلت دیں گے جینے کے لئے؟

تو لوگ اس طرح اوروں کے جینے کی قدریں بناتے ہیں اور کسی کو جینے دیتے ہیں اور کسی کو بالکل جینے نہیں دیتے۔ اب یہ ہمارا اپنا کام ہے کہ اپنی زندگی سنبھال کر جیئے جائیں اور دوسروں کے سہارے نہ ڈھونڈیں۔ کیونکہ سہارے انسان کو زندگی کی حقیقتوں سے روگردانی سکھاتے ہیں اور سہارے تمناؤں کی کشتی کو کنارے پر لگا کر ڈبو دیتے ہیں۔ زندگی کے مجاہد سہارا ڈھونڈنے کی بجائے غم کے طوفانوں میں دوسروں کو بچانے کے لئے دوڑ پڑتے ہیں اور یہی زندگی کا تابناک پہلو ہے ؎

کشتی تلاش کر نہ تو ساحل تلاش کر
انساں کا پیار جس میں ہو وہ دل تلاش کر

☘ ☘ ☘

احساسِ کمتری و برتری

احساس کمتری اور احساسِ برتری ہر انسان کے دل میں یہ دو جذبے بدرجہ اتم کارفرما ہوتے ہیں۔ اور یہی اس کو کبھی گراتے ہیں اور کبھی اس کو اُبھارتے ہیں۔ قنوطیت اور یاسیت کے جذبات سے بھرے دل کو برتری کا احساس بڑھاوا دیتا ہے تو اچھے بھلے آدمی کو احساسِ کمتری قعرِ مذلت میں ڈھکیل دیتا ہے۔ بالعموم یہ جذبات وقتی اور موقتی ہوتے ہیں۔ لیکن بسا اوقات یہ مستقل طور پر دل و دماغ پر حاوی ہو جاتے ہیں اور ایسے میں انسان کی زندگی بہ ہر صورت اجیرن ہو جاتی ہے کہ نہ اس کو اِس پل چین آتا ہے نہ اس کل۔ زندگی کے ہر قدم پر اس کو بے چینی اور بے اطمینانی کا سامنا کرنا پڑتا ہے۔ کسی بات میں اس کا جی نہیں لگتا۔ خوشی کے موقع پر احساسِ برتری اس کو لازماً پستی کی طرف ڈھکیلتا ہے اور اس کی حرکتیں اوروں کی نظروں میں خوار کرتی ہیں اور جو احساسِ کمتری

ایسے موقع پر اثر انداز ہو تو اس کی وجہ سے بھی اس سے ایسی حرکتیں سرزد ہوں گی کہ اس کی ساری خوشی غارت ہو جائے گی۔ اور تو اور دکھ درد کے موقعہ پر یہ دونوں ہی حس انسان کے لئے نہ تو سہارا ثابت ہوں گی اور نہ مداوا۔

چونکہ ہر انسان کو اپنی شخصیت اور انفرادیت سے پیار ہوتا ہے، وہ ہمیشہ اپنے آپ کو ان ہی دو حسیات کے پیمانوں یعنی احساسِ کمتری اور احساسِ برتری سے ناپتا تولتا رہتا ہے۔ کوئی مدح سرائی کرے تو وہ سوچے گا کہ میں تو اس سے بھی زیادہ تعریف و توصیف کا مستحق ہوں یا اگر اس پر احساسِ کمتری سوار ہو تو اس کو لگے گا کہ یہ تو کچھ غلط بیانی سے کام لے رہا ہے یا مخول کر رہا ہے اور اس کے دل و دماغ کو دھکا لگے گا کہ وہ ایسا گیا گزرا ہے کہ لوگ اس کو تفنن کا نشانہ بنا رہے ہیں۔ بہر صورت اس کی اَنا کو یا خود پسندی کو تشفی ہوگی نہ تسلی۔ برخلاف اس کے اگر کسی کی ہجو کی جائے یا اس کی ذاتیات پر حملے ہوں تو وہ احساسِ برتری کے نتیجہ میں اس وار سے بآسانی اپنی مدافعت کر سکتا ہے۔ اور جو احساسِ کمتری کا شکار ہو تو بھی اس کے دماغ میں یہ بات رس بس جائے گی کہ یہ تو کچھ بھی نہیں میں تو اس سے بھی زیادہ کا مستحق ہوں اور یہی بات اس کے لئے باعثِ طمانیت ہو سکتی ہے۔

ایسے ہی کسی آدمی کا ساتھ ہو جو ان احساسات کے بوجھ تلے دبا رہتا ہو تو عجیب عجیب مشکلات کا سامنا ہوتا ہے۔ ابھی کل کی بات ہے ہم ایک ایسے ہی دوست کے ساتھ جا رہے تھے کہ دُور سے ہمارے کسی پہچان والے نے بڑے ادب سے ہم کو سلام کیا۔ قبل اس کے کہ ہم اس کا جواب دیتے ہمارے ساتھی دوست نے بڑی گرمجوشی اور مسکراہٹ کے ساتھ اس کا سلام لیا اور پھر جھک کر ہم سے کہنے لگے "ہمیں تو یاد نہیں پڑتا کہ یہ کون صاحب ہیں اور ہم سے کہاں کی ملاقات ہے۔" اس کے پیچھے ان کا وہی احساسِ برتری ہے کہ سب ہی ان کو جانتے ہیں۔

چاہے وہ انہیں پہچانیں کہ نہ پہچانیں مگر یہ ماننے کے لئے ہرگز تیار نہیں کہ سلام کرنے والے کا تخاطب ان سے نہیں بلکہ ہم سے بھی ہو سکتا ہے کیونکہ ہم بھی وہاں پر موجود ہیں۔ اسی طرح کا ان ہی کا ایک اور واقعہ ہے کہ راستہ میں ڈیوٹی پر کھڑا پولیس کا سپاہی ہم کو سلام کرتا ہے اور یہ بلا جھجکے اور بنا سوچے سمجھے خندہ پیشانی سے اس کا سلام لیتے ہیں اور اپنے احساس کمتری کو چھپانے کے لئے ہم سے کہتے ہیں" غالباً یہ سپاہی ہم کو اس طرح جانتا ہے کہ ہمارے ماموں کا لڑکا جو محکمہ پولیس میں اعلیٰ عہدہ دار ہے وہ ہم سے بہت ملتا جلتا ہے اس لئے اس نے اس کے دھوکے میں ہمیں سلام کیا ہے"۔ یہاں بھی وہ یہ ماننے کو تیار نہیں کہ کسی نہ کسی وجہ سے اس سلام اور توجہ کے آخر ہم بھی تو مستحق ہو سکتے ہیں۔ وہ ہمارے وجود کو بالکلیہ طور پر فراموش کر بیٹھتے ہیں اور ہماری شخصیت میں ایسی کوئی بات نہیں پاتے جس کی وجہ سے کوئی کانسٹیبل ہم کو سلیوٹ کرسکے۔ ایسے بہت سارے لوگ ہمارے سماج میں بستے ہیں جو بالکل یہ گوارا نہیں کرتے کہ کوئی شخص ان کے سوا کسی اور کی نوٹس لے یا ان کو کسی توجہ کا مستحق سمجھے چاہے اس میں ان کا مالی نقصان ہی کیوں نہ ہو۔ مثلاً ایک دوست ہیں جن کو آپ خود اگر مدعو کر کے کسی ہوٹل میں کھانے کے لئے لے جائیں تو وہ بہت بڑھ چڑھ کر آرڈر کریں گے اور ایسے حکم چلائیں گے کہ گویا وہی میزبان ہیں۔ اور ڈنر کے بعد بیرا بل ان کے سامنے نہ پیش کرے تو وہ اس میں اپنی کمتری محسوس کریں گے کہ بیرا نے ان کی نوٹس نہ لی، بلکہ ان کے اس احساس نے ان کو اتنا کمتر محسوس کرنے پر مجبور کر دیا ہے کہ اگر راستے میں فقیر ان سے مخاطب ہو کر بھیک نہ مانگے تو اس میں بھی وہ اپنی ہتک محسوس کریں گے کہ اس بھیک منگے نے ان کو اس قابل نہیں سمجھا کہ ان کی طرف دستِ سوال بڑھائے۔ اسی طرح گی سمجھ بوجھ کے ایک اور صاحب ہیں جو اپنے احساس کمتری کو مٹانے کے لئے کبھی

مونچھیں غضب ناک حد تک بڑھا لیتے ہیں تو کبھی داڑھی پال لیتے ہیں۔ اس امید کے ساتھ کہ ہر ایک ان سے پوچھے: "ارے صاحب، آپ نے یہ مونچھیں کب بڑھالیں، یہ تو بہت سجتی ہیں آپ کے چہرہ پر اور آپ کی شخصیت بڑی بارعب بن گئی ہے"۔ ان کی زندگی کا المیہ یہ ہے کہ لوگ ان کے حلیے کو نظر انداز کر دیتے ہیں اور ان سے اس کے متعلق کوئی استفسار نہیں کرتے۔ اسی احساس کے مارے یہ کبھی شوخ اور رنگ برنگے کپڑے پہنتے ہیں تو کبھی فیشن سے بالکل خارج لباس۔ پھر بھی کوئی ان سے ان کی بات نہیں کرتا تو یہ بڑے جزبز ہو جاتے ہیں، تلملا اٹھتے ہیں، بہانے سوچتے ہیں کہ ان کی کوئی نوٹس لے۔ چاہے بُرا ہی کہے، عیب جوئی کرے مگر کوئی کچھ بولے تو سہی۔ بعض دلچسپ ہستیاں ایسی ہوتی ہیں جو اپنے احساسِ کمتری کو چھپانے کے لئے ہر محفل میں کسی بھی سیدھے سادے مسئلہ پر اختلافِ رائے کریں گی، لوگوں سے بحث میں اُلجھ پڑیں گی اور معمولی سی بات کا بتنگڑ بنا ڈالیں گی۔ رائے شماری ہوگی تو ان حضرات کو پہلے یہ تشویش ہوگی کہ دیکھیں لوگ کس خیال کے ہیں اور پھر ان سب سے الٹی رائے قائم کر کے اختلافِ رائے کا مسئلہ کھڑا کر دیں گے۔ ان کی یہ سوچ ان کی عادت بن جاتی ہے۔ کسی بات پر لوگ ہنسیں گے تو یہ منہ بنالیں گے اور یہ ظاہر کریں گے کہ بھلا یہ بھی کوئی ہنسی کی بات ہے؟ اور جس بات پر کوئی نہیں ہنسے گا یہ بڑے زور سے قہقہہ لگائیں گے تاکہ ان کی مزاح کی حس کا سب کو اندازہ ہو اور لوگ سمجھیں کہ یہ کوئی زیادہ ہی سمجھ دار اور سوجھ بوجھ کا آدمی ہے۔ کسی محفل میں کوئی بات ان کی سمجھ میں نہ آئے تو یہ اس کی وضاحت نہیں چاہیں گے بلکہ یہ سمجھیں گے کہ اس میں ان کی سُبکی ہوگی اور ایک قسم کے اضمحلال میں مبتلا ہونا پسند کریں گے۔ چاہے یہ ان کے لئے کتنا ہی تکلیف کا باعث ہو۔

احساسِ کمتری میں مبتلا لوگوں میں کچھ ایسے ہوتے ہیں جو ہر وقت اس کوشش میں لگے ہوتے ہیں کہ انھیں شہر کے ہر فنکشن کا دعوت نامہ ضرور ملے اور پھر دعوت نامہ مل جانے پر وقت سے بہت پہلے جائیں گے تاکہ ان کو اچھی سے اچھی سیٹ مل جائے اور وہ سب کی نظروں میں ممتاز اور منفرد سمجھے جائیں۔ برخلاف اس کے جو احساسِ برتری میں مبتلا ہوتے ہیں۔ وہ دعوت نامہ ملنے پر میزبان سے معافی مانگیں گے اور اپنی گوناگوں مصروفیات کا حوالہ دے کر دل ہی دل میں یہ چاہیں گے کہ میزبان ان سے اصرار کرے اور یہ درخواست کرے کہ وہ اپنی دوسری مصروفیات کو کاٹ کر ان کو یہ شرف بخشیں، بڑی رد و قدح کے بعد بطورِ احسان یہ دعوت قبول کریں گے اور جب کسی فنکشن میں جائیں گے تو وقت کے بہت بعد جائیں گے اور اپنی آمد کا ڈھنڈورا پیٹیں گے اور پھر اچھی جگہ پر متمکن ہونے کی کوشش کریں گے۔ چاہے ان کی اس حرکت سے محفل میں کھلبلی مچے کہ سارا نظام درہم برہم ہو۔ اس احساس کے مارے کچھ لوگ تو اوروں سے بڑھ چڑھ کر چندہ دیں گے اور چاہیں گے کہ اس بات کا اعلان ہو کہ یہ بڑے فیاض اور مخیّر ہیں۔ ان کی یہ بھی خواہش ہوگی کہ ان کا نام سرِ فہرست ہو اور جلی حرفوں میں لکھا جائے۔ ان کے ذمّہ اور کچھ نہیں تو خیر مقدمی تقریر ہو یا آخری مرحلہ پر اظہارِ تشکّر کے لئے ہی ان کو ڈائس پر آنے کا موقعہ ملے۔ کچھ تو ایسے بھی ہیں جو مستقل طور پر رقمی امداد و اعانت کریں گے تاکہ ان کو ہر تقریب میں مہمانِ خصوصی بنایا جائے اور ان کی تعریف و توصیف ہو۔ ان سب باتوں کے باوجود یہ ضرور اعلان کریں گے کہ وہ ہرگز نہیں چاہتے کہ ان کا نام ہو یا ان کی فیاضی کی شہرت ہو بلکہ وہ یہ ظاہر کریں گے کہ وہ تو ایک خاموش ورکر ہیں اور پس پردہ رہنا چاہتے ہیں اور ہمیشہ نام و نمود سے کوسوں دور بھاگتے ہیں۔ یہ ساری باتیں کہتے کہتے بھی وہ اپنی شہرت کے طلب گار

صاف دکھائی دیتے ہیں۔ یہ ان کا احساس برتری بالآخر ان کو زبردست ناکامی کی طرف دھکیل کرلے جاتا ہے۔ ان دونوں خصوصیات کے حامل لوگوں کو بیشتر بڑا دکھی ہونا پڑتا ہے۔ کبھی کبھی یہ بھی دیکھا گیا ہے کہ اپنی فوقیت جتانے کے لئے لوگ جھگڑا مول لیتے ہیں۔ اگر کسی عمارت میں موٹر کھڑی کرنے کی جگہ نہ ہو تو یہ اپنا حق سمجھیں گے کہ ایسی جگہ پہ اپنی موٹر کھڑی کریں اور ہر طرح کا رعب جمانے کی کوشِش کریں گے۔ ان کی یہ فطرت ٹریفک کے کانسٹیبل سے بھی جھگڑا کرنے سے باز نہیں رکھتی۔ ایک بار کسی تنگ اور چھوٹے سے پُل پہ ایک صاحب کی موٹر اس طرح پھنس گئی کہ مقابل سے بھی ایک اور موٹر آئی ہوئی تھی۔ ایسے میں اس کے سوا کوئی چارہ نہ تھا کہ ان دونوں میں سے کوئی ایک اپنی موٹر کو پیچھے لے جائے۔ احساس کمتری میں اُلجھے ہوئے صاحب نے تو بڑے تلخ و تند انداز میں مخالف سمت سے آئے ہوئے صاحب کو بتایا کہ وہ تو ہرگز اپنی موٹر پیچھے لے جانے والے نہیں بلکہ کچھ بد کلامی کرتے ہوئے یہ بھی کہا کہ " میں تو اپنی کار کسی نامعقول اور بے وقوف آدمی کے لئے پیچھے ہرگز نہیں لے جاؤں گا" اس پر دوسرے صاحب نے جو کسی احساس کمتری یا برتری کے بوجھ تلے دبے ہوئے نہ تھے بڑی خاکساری سے کہا " میں تو ایسی صورت میں ضرور پیچھے چلا جاتا ہوں "۔ بالفاظِ دیگر انھوں نے دوسرے صاحب کی نامعقول باتوں کو انہی کے سر منڈھ دیا اور احساسِ برتری کے محمود شخص کو گڑھے میں ڈھکیل دیا ـــــــ

اس قسم کی باتوں پر اگر دھیان دیا جائے تو تلخ و ناگوار باتوں کے اظہار کے بغیر بھی دوسروں کی اَنا کو دھکا لگ جاتا ہے۔ جیسے ایک صاحب کہتے تھے کہ میں تو اپنی زبان نہیں کھولتا جب تک کسی محفل میں دانشور اور قابل لوگ نہ ہوں"۔ اس پر جو فقرہ کسا گیا وہ بڑا دلچسپ تھا " تب تو آپ کو اپنی زبان کھولنے کا موقع ہی نہ ملتا ہوگا"۔ سمجھداری کی بات تو یہی ہے کہ ہر آدمی اپنے آپ کو احساسِ کمتری اور احساسِ برتری دونوں سے بچائے رکھے۔

●●

داڑھی

آج کل داڑھیاں کچھ زیادہ ہی نظر آتی ہیں۔ سکھوں کی داڑھی خاص سجی سجائی اور دیدہ زیب ہوتی ہے لیکن من چلے نوجوانوں کے چہروں پر ہر قسم کی داڑھیاں دکھائی دیتی ہیں، لنگور کی طرح ہر طرف اُگی ہوئی، بکرے کی طرح صرف ٹھڈی کے نیچے جس کو گوٹی کہتے ہیں۔ جارج پنجم کی بانکی داڑھی دکن کے چھٹے نظام میر محبوب علی خاں اور مہارانا پرتاپ سنگھ، مہاراجہ رنجیت سنگھ کی داڑھیاں گرو دیو رابندر ناتھ ٹیگور کی پھلی پھولی داڑھی، کرسمس کے سانٹا کلاز کی داڑھی غرض کہ ہر قسم کی داڑھی کے فیشن آج کل پھر عام ہو رہے ہیں۔ لیکن ہپی کی داڑھی اور زلفوں سے یہاں غرض نہیں کہ وہ تو محض اپنے چہرے پر زیادہ سے زیادہ گندگی اور لاتعداد جوؤں کے بسیرے کے لئے اُگائی جاتی ہیں جن کے بغیر شاید ان کا جینا ہی محال ہو۔

سوال یہ ہے کہ کیا یہ داڑھی نئے فیشن اور اور نئے مزاج کی دلیل ہے

یا ظاہری آرائش و زیبائش سے منہ موڑنے کی علامت ہے؟ بظاہر تو یہ لگتا ہے کہ یہ بھی فیشن کا ایک چکر یعنی CYCLE ہے کہ کبھی داڑھی کبھی گل موچھ کہیں صرف مونچھیں، کہیں زلفیں اور شاذونادر صاف ستھرے چہرے۔ تاریخ شاہد ہے کہ زمانہ حجری کے مردوں کو تو قدرت اور فطرت کا ساتھ دینا تھا کہ ان کے پاس کوئی اور چارۂ کار نہ تھا۔ اس زمانہ میں داڑھی ایک سائن بورڈ یا نشانِ امتیاز تھی کہ جس سے مرد کا نہ صرف بالغ ہونا ثابت ہوتا تھا بلکہ یہ اس کے عاقل اور دانشور ہو چکنے کی بھی دلیل تھی۔ اس طرح یہ بے داڑھی مونچھ کے نوجوانوں سے معمر و ممیز سمجھے جاتے تھے۔ چنانچہ آج بھی قبائلی وصحرائی اقوام کے سردار اسی داڑھی کے طفیل اعلیٰ مرتبہ پاتے ہیں لیکن جب انسان کے ہاتھ میں ایسے ہتھیار آئے کہ جن سے وہ کاٹ کوٹ کے قابل ہوگیا تو اس نے اپنی ہاتھ کی صفائی کا پہلا تجربہ اپنی داڑھی پر کیا۔

تاریخ میں ہم کو سب سے پہلے یونانی نظر آتے ہیں جنھوں نے داڑھی سے بغاوت کی۔ ان کے فلسفہ و فکر میں جوانی، قوت اور جسمانی خوبیاں بے حد اہمیت کی حامل ہوگئی تھیں۔ صفائی، حُسن لباس اور نزاکت ان کی زندگی کے جزوِ بن گئے تھے۔ اس دَور میں ڈھونڈنے سے بھی داڑھی والا یونانی نہیں ملتا تھا۔ چنانچہ سکندرِ اعظم نے تو داڑھی کو یکلخت ممنوع قرار دے دیا۔ یہ اس لئے کیا گیا کہ دست بدست لڑائی میں داڑھی پر دشمن کی گرفت بہ آسانی ہوسکتی تھی اور اس زمانے میں تو دست بدست لڑائی ہی سب کچھ ہوتی تھی لیکن ہمارا خیال ہے کہ اس حکمِ امتناع کے پس پردہ سکندر اعظم کے دماغ میں فخر و برتری کا احساس تھا کیونکہ اس دَور کی تہذیب و ثقافت کا وہ اپنے آپ کو علم بردار سمجھتا تھا۔ اس نے صاف صاف کہہ دیا تھا کہ مشرقی عوام داڑھی رکھ سکتے ہیں لیکن مغربی اقوام کسی طرح بھی ان کا ساتھ نہیں دے سکتیں۔ شاید اسی

جذبہ میں سکندر اعظم کی عالمگیر فتوحات اور کامیابی کا راز مضمر تھا۔ اس دَور سے پہلے کے فیشن میں داڑھی زلفیں اور بڑے بڑے جبّے اور لمبے لمبے لباس شامل تھے جن سے معمولی آدمی بھی بارعب اور بامرتبہ نظر آتے تھے۔ داڑھی سے چہرہ کے عیوب اور لباس سے جسمانی کمزوریاں چھپ جاتی تھیں۔ اب بھی مشرقِ بعید یا مغربی ایشیا میں مرد کا چہرہ داڑھی سے اور جسم عمامہ کے ذریعہ چھُپے ہونے کی وجہ سے بڑی حد تک پُراسرار اور رُعب دار لگتا ہے، چاہے ان میں اور صلاحیتیں سرے سے مفقود ہوں۔ برخلاف اس کے رُوم اور یونان کے فیشن چہرے کو اصلی رُوپ میں اور جسم کو پوری طرح نظروں کے سامنے پیش کرتے تھے۔ گیارھویں صدی عیسوی میں چہرہ کے بالوں کے خلاف بغاوت شروع ہو چکی تھی اور تیرھویں صدی میں مغرب کے مَردوں کے چہرے عورتوں جیسے ہو چکے تھے لیکن یورپ کی تبلیغی اور صلیبی جنگوں میں جب مشرق اور مغرب کا تصادم ہوا تو پھر مغربی جنگجو گھر لوٹتے لوٹتے اور کچھ چاہے نہ لے گئے ہوں داڑھیاں اور لمبے لمبے فرغل اور عمامے ضرور ان کی تزئین بڑھا رہے تھے یورپ میں تیرھویں اور چودھویں صدی عیسوی میں داڑھیاں ہی داڑھیاں تھیں۔ لیکن ۱۴۴۷ء کے انگلستانی قانون نے انگریزوں پر یہ لازم کر دیا کہ وہ آئرلینڈ میں ضرور داڑھی صاف کر دیں تاکہ وہ آئرش لوگوں سے الگ پہچانے جائیں۔ یہی ان کے احساسِ برتری کی دلیل تھی۔ یہ فیشن شاید اسی طرح چلتے لیکن ہنری ہشتم نے ۱۵۳۵ء میں داڑھی رکھ لی اور پھر یہ فرانسیسی فیشن چل پڑا۔ برطانوی فوج میں مونچھیں عام ہو گئیں۔ سائڈ وِھسکر البتہ بٹلر، کوچوان، دربان، جاکی اور سائیسوں کے فیشن ہو کر رہ گئے۔

نپولین سوم کے زمانے میں فرنچ کٹ داڑھی کا رواج عام ہوا۔ کریمیا کی جنگ میں انگریز اور فرانسیسی ایک ساتھ تھے۔ اور صلیبی جنگوں کی طرح گھر لوٹتے

وقت فرنچ جنرلوں کی داڑھیاں غائب تھیں۔ انگلستانی جنرل صاف چہروں کی بجائے داڑھی لے کر لوٹے تو ان کی تقلید اور پیروی میں ساری قوم لگ گئی ہر طرف داڑھی اور مونچھ کی جھاڑیاں اور ان جھاڑیوں کے جنگل چارسُو نظر آنے لگے۔

بیسویں صدی کے آغاز پر البتہ پھر سے مردوں کے چہروں سے داڑھیاں غائب ہوئیں تو ان کے چہرے چمکنے لگے۔ بلا مونچھ کی داڑھی برطانوی بحری بیڑے میں جائز قرار دی گئی اور فوج میں بغیر داڑھی کی مونچھ۔ اس طرح مغرب کی تاریخ سے جان پڑتا ہے کہ موسموں کی طرح داڑھیاں آتی اور جاتی رہیں۔ یہ ایسے زمانوں میں آتی رہیں کہ جب مغرب پست اور پس ماندہ تھا۔ کہتے ہیں کہ اپنی ہزیمت اور شکست کو پس پردہ رکھنے اور چہرہ کے اُتار چڑھاؤ کم ہمتی اور بے عزتی کو چھپانے کا ذریعہ داڑھیاں تھیں۔ یورپ میں یہ دَور بہت خراب رہا جبکہ غیر موزوں لباس پہنے جاتے تھے۔ بے حد تکلیف دہ ڈرامہ تھیٹر، بے جان موسیقی بے سُری تھی شاید اسی لئے شرم سے منہ چھپانے اور اپنے خیالات کو ظاہر نہ ہونے کے وسیلہ کے لئے داڑھی کا سہارا لیا جاتا تھا۔ ایسے ہی دَور کی ایک کہانی ہے کہ محبوبہ نے جنگ پر جانے والے اپنے سپاہی سورما منگیتر سے وعدہ لیا کہ وہ دَورانِ جنگ میں اپنی داڑھی کو نہیں مونڈے گا اور یہ اس بات کا ثبوت ہوگا کہ اس نے اپنی محبوبہ کو دل وجان سے لگائے رکھا اور ہر دم اسی کا دھیان رکھتا تھا۔ پچھلے زمانہ کی جنگیں برسوں لڑی جاتی تھیں۔ اور یہ سپاہی دو برس بعد جب لوٹا تو اس کی داڑھی اتنی ہی بڑھی تھی کہ جتنی اس مدّت میں ہونی چاہئے تھی۔ لڑکی نے اپنی خوشی کا اظہار کیا اور اس کی محبّت پر فخر۔ جب ان کی شادی ہونے چلی تو لڑکی نے اپنے ضمیر کی آواز پر اس بات کا اقرار کیا کہ وہ خود اس دَوران کچھ بہت زیادہ وفادار نہیں رہی۔ منگیتر نے

یہ بات سُنی تو اسے لگا کہ ایک بڑا بوجھ اس کے سر سے اُتر گیا اور اس نے فوراً ہی اپنی نقلی داڑھی نکال کر پھینک دی ۔ اور بتایا کہ وہ بھی ملکوں ملکوں نبردآزمائی کرتے ہوئے اپنے وعدہ کو بھول گیا تھا ۔ اسی لئے نقلی داڑھی لگانے کی ضرورت پیش آئی تھی ۔

آج کل سر پر وِگ اور نقلی بال تو عورت مرد سب ہی لگاتے ہیں لیکن نقلی داڑھی کا فیشن ابھی نہیں چلا ہے ۔ شاید چل بھی جائے' صرف ہمّت کی ضرورت ہے ، ورنہ اس دنیا میں کیا نہیں چلتا ۔

چہرہ خیالات کا آئینہ ہوتا ہے مگر جو چہرہ داڑھی سے ڈھکا چھپا ہو وہاں خیالات کی ترجمانی کے لئے کس چیز کا سہارا لیا جائے یہ سوال کٹھن ہے ۔ اسی لئے تو کہتے ہیں کہ آخر ہم ایک دوسرے کا چہرہ کیوں نہ دیکھیں — داڑھی کی آڑ میں شکار کھیلنا ایک محاورہ بھی تو بن گیا ہے کہ اپنی صورت داڑھی کے پیچھے چھپا کر انسان کچھ بھی کر سکتا ہے ۔

ہاں یہ بھی تو ایک عجیب و غریب محاورہ ہے کہ "چور کی داڑھی میں تِنکا" یہ داڑھی والے چوروں پر صادق آتا ہے اور ان کی چوری کو پایۂ ثبوت کو پہنچانا ہوتا ہے تو ایسے دس بیس داڑھی والوں کو اکٹھا کیجئے جن پہ کچھ شک ہے اور یکایک کہئے کہ چور کی داڑھی میں تنکا ۔ اور پھر یہ کرشمہ دیکھئے کہ اصلی چور کس طرح اپنی داڑھی سے تنکا نکالنے کی بے ساختہ کوشش کرتا ہے اور شک کو یقین میں بدل دیتا ہے ۔

پرانی وضع اور قماش کی داڑھی ویسے تو سنجیدگی، متانت اور بردباری کی علامت ہے ۔ اور سمجھا یہ جاتا ہے کہ ایسی داڑھی والا آدمی کوئی ایسی ویسی حرکت نہیں کر سکتا ۔ چنانچہ ایک وقت کا واقعہ ہے کہ ایسے ہی ایک بزرگ صورت سیکل پر جا رہے تھے ۔ اچانک ان کی سیکل بے قابو ہو گئی اور راستہ

چلنے والے سے ٹکرا گئی۔ چونکہ اس راہ گیر کو سخت چوٹ آئی تھی اس نے جھنجھلا کر بے ساختہ کہا " واہ صاحب واہ۔ اتنی بڑی داڑھی رکھی ہے اور اس طرح ٹکر دیتے پھرتے ہیں۔ شرم نہیں آتی؟ داڑھی والے سیکل سوار نے خفت سے جواب دیا " تو کیا آپ سمجھتے ہیں کہ داڑھی سیکل کا بریک ہے؟

داڑھی پھر سے STATUS SYMBOL یا دانشور اور مرفع الحال ہونے کی علامت قرار دے دی گئی ہے اور اس کے بغیر مرد خالی یا نامکمل لگتے ہیں۔ داڑھی کے بغیر اگر نوجوان اپنی لمبی لمبی زلفوں، شوخ و شنگ لباس اور گلے میں ہار اور مالے پہنے گھومتے اگر کسی گھر کا دروازہ کھٹکھٹائیں تو گھر کا ننھا یہ سوال کر سکتا ہے " کیا آپ میری بہن کی سہیلی ہیں کہ میرے بھائی کے دوست؟ چہروں پر داڑھی بہت سارے نازک لمحوں اور نازک صورتِ حال سے بچا سکتی ہے۔

✣ ✣ ✣ ✣

پھُل جھڑیاں

جب کبھی کوئی میٹھی میٹھی باتیں کرتا ہے، خوب صورت جملے کہتا ہے اور اس کا انداز بیان حسین ہوتا ہے تو کہتے ہیں کہ اس کے منہ سے پھول جھڑ رہے ہیں۔ گفتگو کے وقت لب و لہجہ شیریں ہو اور باتوں میں شگفتگی ہو ـــ تو کہتے ہیں کہ پھُل جھڑیاں چھوٹ رہی ہیں۔

دیوالی ایک خوشی کا تہوار ہے۔ اس وقت مٹھائیاں شربت اور کھانے پینے کی عمدہ عمدہ چیزیں تیار کی جاتی ہیں اور ساتھ ساتھ پٹاخے چھوڑے جاتے ہیں، آتش بازی کی جاتی ہے۔ مسرت و انبساط کا ایک ایسا سماں ہوتا ہے کہ پژمردہ دل بھی کھل جاتے ہیں، دُکھ درد بھُلا دیئے جاتے ہیں۔ اس ساری گھما گھمی میں جہاں پٹاخے دھڑ دھڑ پھٹ پھٹاخ کر کے کان پھاڑتے رہتے ہیں پر مہتابی، انار، پھلجھڑی اپنی ٹھنڈی روشنی سے رات کے اندھیروں کو اُجالوں میں تبدیل کر دیتے ہیں اور آنکھوں میں نُور بھرتے ہیں۔ اس سہانے

سمے پر ہر ایک خوش گفتار اور ہنس مکھ بن جاتا ہے اور لوگوں کی باتیں بھی پُھلجھڑی جیسی لگتی ہیں ۔ بلکہ بعض لوگ خود پُھل جھڑی بن جاتے ہیں۔ نمایاں فرق یہ ہے کہ بات چیت میں جب ہم تیز و تند لہجہ اختیار کرتے ہیں، طنز و استہزار کے وار چلاتے ہیں اور دوسروں کا دل جلاتے ہیں تو لگتا ہے پٹاخے چھوٹ رہے ہیں اور جب کوئی میٹھی میٹھی اور لطف و لطافت سے بھری باتوں سے سننے والوں کا دل موہ لیتا ہے تو لگتا ہے کہ پُھل جھڑیاں چھوٹ رہی ہیں ۔ ان میں گرمی ہوتی ہے نہ تپش نہ سوزش نہ گھن گرج ۔ بس ٹھنڈی روشنی جو آنکھوں کے ذریعہ دل و دماغ میں اُتر جاتی ہے اور تراوٹ بخشتی ہے ۔

لطیفے، چٹکلے یا پُھل جھڑیاں وہ چھوٹے چھوٹے سے بے ساختہ جملے ہیں جو دوسروں کو ہنسنے پر اُکساتے ہیں مگر ان کی خوبی یہ ہوتی ہے کہ بات جہاں کی وہیں ختم ہو جاتی ہے اور لطف و انبساط کا ذائقہ زبان پر رہ جاتا ہے۔ ان کا تعلق کسی لمبی کہانی سے ہوتا ہے نہ کسی حکایت سے ۔ ان میں انوکھا پن اور رمز و کنایہ ہوتے ہیں اور کچھ تعجب انگیزی کا عنصر بھی شامل ہوتا ہے ۔ گفتگو کی روانی ایک ایسے موڑ پر آتی ہے کہ جس کے آگے جانے کی ضرورت ہوتی ہے نہ اس کی کوئی گنجائش ۔ یہ اعصابی تناؤ کو فوری نارمل بنا دیتے ہیں، اور یاسیت و اضمحلال کو تہس نہس کر دیتے ہیں ۔

آئیے، اب ایک جائزہ لیں کہ پُھل جھڑیاں کتنی قسم کی ہوتی ہیں ؟

پُھل جھڑیوں کی ایک قسم تو وہ ہے جو عام فہم اور زود فہم ہوتی ہے ۔ اس میں ہیر پھیر نہیں ہوتا۔ اس کو سمجھنے کے لئے اعلیٰ درجہ کی خاص جانکاری کی بھی ضرورت نہیں، البتہ کہنے والوں کو اختصار کے ساتھ بذلہ سنجی، برجستہ گوئی اختیار کرنے کی ضرورت ہوتی ہے اور سننے والوں میں شستہ لطیف کا ہونا از حد ضروری

ہوتا ہے تاکہ اس سے لطف اٹھا سکیں۔

دوسری قسم کی پھل جھڑیاں وہ ہیں جو مزاح کی حس کو چھیڑتی ہیں، جو بالعموم نیم خوابیدہ ہوتی ہیں۔ ان کو بالکل اسی طرح چھیڑنا پڑتا ہے کہ جیسے ستار کے تاروں کو جن میں سارے کے سارے سُر تو بھرے ہوتے ہیں، مگر جب تک ماہرانہ انداز میں انھیں چھیڑا نہ جائے وہ تمام سُر اپنی جگہ پر بند پڑے ہوتے ہیں۔ جیسے ہی انھیں چھیڑا سننے والا محسوس کرنے لگتا ہے کہ کوئی میٹھا میٹھا رس گھول کر کانوں میں ڈال رہا ہے۔ وہ کان کے ذریعہ دل ودماغ پر چھا جاتا ہے۔ کیف وسرور رگ وپے میں جاری وساری ہو جاتے ہیں۔ ہلکی سی گدگدی ہوتی ہے اور پہلے مسکراہٹ چہرے پر کھیلتی ہے پھر ہنسی کا دورہ پڑتا ہے۔

تیسری قسم کی پھل جھڑیاں وہ ہیں جو بہت زیادہ روشن اور تابناک ہوتی ہیں اور جن سے آنکھیں چکا چوند ہو جاتی ہیں۔ یہ مزاح کی پھل جھڑیاں قہقہہ انگیز ہوتی ہیں اور بے اختیار سب ہی کو ہنسنے پر مائل کر دیتی ہیں اور یہی ہنسی انسان کی بقا اور صحت کے لئے از حد ضروری ہوتی ہیں۔ ان کے بغیر انسانی مزاج کا تکدر دُور ہوتا ہے نہ اس کی قنوطیت۔

ویسے تو ہنسنے کے مواقع ہمیں ہر دم میسّر ہیں۔ ضرورت اس بات کی ہے کہ ہم ان موقعوں کو ہاتھ سے جانے نہ دیں۔ دیکھنے اور سُننے کی صلاحیتیں موجود ہوں تو ہنسنے کا سامان میسّر ہوتا ہی رہتا ہے۔ اس کے لئے ضروری ہے کہ شئے لطیف کا فقدان نہ ہو۔

ہمارے دوست رحیم الیکشن لڑ رہے تھے۔ اپنے مخالف کے جھوٹے پروپیگنڈہ سے بیزار آ گئے۔ ایک دن اتفاقاً اس کا آمنا سامنا

ہو گیا تو رحیم نے تمام حاضرین کو مخاطب کر کے ان سے کہا " بھیّا. تمہاری غلط بیانیوں اور جھوٹ سے ہم تنگ آ گئے ہیں۔ اب بھی موقع ہے کہ ہم مصالحت کرلیں ۔ تم وعدہ کرو کہ ہمارے خلاف جھوٹی باتیں نہیں کہیں گے تو پھر ہم بھی وعدہ کرتے ہیں کہ ہم تمہارے تعلق سے سچی باتیں نہیں کہیں گے "

ایک صاحب کی بیوی کو میکے گئے کافی دن ہو گئے تھے ۔ اس کا خط آیا تو شوہر یہ پڑھ کر بہت خوش ہوئے کہ اس کو ان کا خیال ہے اور اسی فکر میں مبتلا ہے کہ ان کے کھانے پینے کی دیکھ ریکھ کوئی نہیں کر رہا ہوگا۔ آخر میں اس نے لکھا " تمہاری فکر میں اس ایک مہینے کے اندر میرا وزن آدھا ہو گیا ہے"۔ میاں نے فوراً تار دیا " ایک مہینہ اور میکے میں رہنا "

ویسے تو ہمارے دوست رام لال کچھ بخیل ہیں نہ کنجوس، لیکن ایک دن اپنی بیوی کی سخت شکایت کرنے لگے اور بولے کہ وہ ہمیشہ ان سے روپے مانگتی رہتی ہے ۔ پچھلے مہینے اس نے دو ہزار روپے مانگے۔ پندرہ دن نہیں ہوئے کہ میں نے ہزار کا تقاضا کیا۔ گئے ہفتے بھی اس نے اتنی ہی رقم مانگی اور اب کل سے اصرار ہے کہ اس کو کم از کم پندرہ سو روپے دوں "

ہم نے بڑی ہمدردی سے کہا " لگتا ہے آپ کی بیگم صاحبہ بڑی فضول خرچ ہیں" اور پھر ہم یہ پوچھے بغیر نہ رہ سکے کہ آخر وہ اتنا روپیہ کیا کرتی ہے؟ رام لال نے بتایا " ارے بھئی ۔ میں خود نہیں جانتا اس لئے کہ میں نے کبھی دیا ہی نہیں "

اس سال موسم گرما کے آغاز پر ہم نے اپنے ایک دوست سے پوچھا ۔ " کہو یار اس سال کشمیر نہیں جا رہے ہو؟" انھوں نے بڑی سچائی سے بتایا۔ " بھئی اس سال تو ہم مسوری نہیں جا رہے ہیں۔ کشمیر تو سالِ گزشتہ نہ جانے کا پروگرام تھا اور اس سے پچھلے سال نینی تال نہ جانے کا ارادہ کیا تھا"

ننھے بچوں کی زبان سے نکلی ہوئی بہت ساری باتیں پھل جھڑیوں جیسی ہوتی ہیں۔ ان کے پیچھے بچوں کی معصومیت جھانک رہی ہوتی ہے اور وہ ہنسی کا محرک ہوتی ہیں۔

استاد نے خدا کے وجود اور اس کی الوہیت و برتری اور ربوبیت پر بڑا لمبا سا لیکچر دیا۔ اور آخر میں پوچھا ــــ "تو بچو کیا اب تم بتا سکتے ہو کہ خدا کہاں ہے؟" ابھی کچھ بچے جواب دینے ہی والے تھے کہ ایک منّے نے کہا، "ہاں صاحب میں بتاتا ہوں۔ خدا ہمارے گھر کے باتھ روم میں رہتا ہے۔" ساری کلاس حیرت و تعجب میں پڑ گئی۔ استاد نے پوچھا "اچھا بتاؤ تو تم ایسا کیوں سمجھتے ہو؟" لڑکے نے کہا "مولوی صاحب۔ بات یہ ہے کہ ہم بھائی بہن ہیں اور گھر میں صرف ایک ہی باتھ روم ہے۔ ہر روز صبح اس باتھ روم کے دروازہ پر ہمارے ابا کھڑے ہو کر تھوڑی دیر سے چلّا کر کہتے رہتے ہیں "اوہ خدا تم ابھی تک اندر ہی ہو۔"

بچوں کی شرارتیں بہت کم نظر انداز کی جاتی ہیں اور اکثر ان کو ڈانٹ ڈپٹ کی جاتی ہے اور کبھی کبھی مار پیٹ بھی۔ سرکس دیکھتے وقت جوکر کی اُلٹی پلٹی حرکتوں پر سب ہی بے ساختہ ہنستے رہے اور جب گھر لوٹنے لگے تو ننھے نے بڑے فلسفیانہ انداز میں ابا سے کہا "اس جوکر کی سبھی حرکتوں پر آپ لوگ دل کھول کر ہنس رہے تھے اور جو ہم یہی کچھ کرتے ہیں تو اس کو شرارت کہہ کر ہماری پٹائی کی جاتی ہے۔"

ویسے تو منّا بے حد سمجھدار تھا اور کبھی ضد بھی نہیں کرتا تھا لیکن ایک دن اپنے چچا کے گھر ایک خوب صورت سا چھوٹا ریڈیو دیکھ کر مچل گیا اور اصرار کرنے لگا کہ وہ اپنے ساتھ گھر لے جائے گا۔ چچا نے سمجھایا "بیٹے!

تم ریڈیو کیا کرو گے اور یہ تو بہت قیمتی ہے۔ تم ایسا کرو۔ نماز پڑھ کر اللہ سے دُعا کرو، تمہیں ایسا ہی ریڈیو مل جائے۔ وہ ضرور تمہاری خواہش پوری کرے گا۔"
منّا یہ سُن کر اور ضد کرنے لگا اور اپنے چچا سے فوراً بولا "چچا چچا، اگر تم کو اتنا ہی بھروسہ ہے کہ اللہ وقت پر ضرور دے دے گا تو ایسا کیجیے، یہ ریڈیو مجھے دے دیجیے اور آپ اللہ سے دُعا کر کے مانگ لیجیے۔"

شرارت پر ایک لڑکے کو اس کے باپ نے خوب مارا اور کہا "دیکھو برخوردار میں نے تمہیں اس لئے مارا ہے کہ مجھے تم سے بے حد محبت ہے اور اس میں تمہاری بھلائی کا راز چھپا ہے۔"

منّا نے تڑاق سے جواب دیا "ابا جان کاش میں اس قابل ہوتا کہ آپ کی محبّت کا جواب محبّت سے دے سکتا۔"

وقتِ پیری شباب کی باتیں

وقتِ پیری شباب کی باتیں
ایسی ہیں جیسے خواب کی باتیں

ہر آدمی کی خواہش اور کاوشش کسی نہ کسی منزل پر پہنچنے کی ہوتی ہے مگر پیری کی منزل ہی ایک ایسی منزل ہے جہاں پہنچنے کی کسی کو جلدی ہوتی ہے نہ خواہش۔ قدم لامحالہ اس منزل کی طرف بڑھتے جاتے ہیں اور اس روانی کو لوگ سال گرہوں سے ناپتے جاتے ہیں۔ مگر ہر ایک یہ محسوس کرتا ہے کہ وہ تو ابھی اس منزل سے کوسوں دور ہے اور جب کبھی منزل قریب ہوتی ہے تو وہ دل کو تسلی دینے کے لئے کہتا ہے کہ ابھی منزلیں اور بھی ہیں۔ دل میں یہی اُمید لگی رہتی ہے کہ پیری کی منزل مجھ تک کبھی نہ پہنچے گی اور ذی ہوش شاعر انھیں تنبیہ کرتا ہے ۔

آخر دن ڈھل رہا ہے ہوش میں آ
خبر بھی ہے تیری منزل کہاں ہے

سب ہی کی ہر دم، ہر لحظہ آرزو اور تمنا یہ رہی ہے ۔

مرضی ہو تو سولی پہ چڑھانا یارب
سَو بار جہنم میں تپانا یارب
معشوق کہیں، آپ ہمارے ہیں بزرگ
ناچیز کو یہ دن نہ دکھانا یارب

سب ہی جانتے ہیں کہ یہ دن دیکھنا ہی ہے اور اس کے بعد مرنا برحق۔ سوال صرف دیر سویر کا ہے۔ کہیں لوگ پچپن سال کی عمر میں بوڑھے سمجھے جاتے ہیں اور ان کو وظیفہ حسنِ خدمت پر سبکدوش کر دیا جاتا ہے کہیں اٹھاون سال پر۔ درجہ چہارم کے ملازم سرکار تو ساٹھ سال کے بعد وظیفہ کے مستحق قرار دیئے جاتے ہیں اور اسی طرح ہائی کورٹ جج، سپریم کورٹ جج وغیرہ ساٹھ سال کے بعد بھی خدمتِ خلق میں لگے رہتے ہیں۔ امریکہ وغیرہ میں تو پینسٹھ سال سے پہلے کوئی بوڑھا ہوتا ہے نہ ملازمت سے علٰحدہ۔ وہاں تو یہ کہاوت ہے کہ زندگی ساٹھ سال کے بعد شروع ہوتی ہے۔ اور ان حالات میں جب کہ آدم کام دھام سے لگا ہوا ہے یہ بات سچ بھی تو ہوتی ہے۔ ہمارے ہاں بھی ساٹھا پاٹھا کہا جاتا ہے۔ مگر یہ سب تو سوجھ بوجھ کی بات ہے۔ جو اپنے آپ کو جتنا جوان یا بوڑھا سمجھتا ہے وہ اتنا ہی جوان یا بوڑھا رہتا ہے۔ اور لوگ بھی اس کو ویسے ہی دیکھتے اور پاتے ہیں۔ بقول سوفٹ ہر شخص کی خواہش ضرور ہوتی ہے کہ وہ طویل العمر ہو لیکن بڑھاپا قبول نہیں ہوتا اور جو بڑھاپا آ ہی جاتا ہے تو بوڑھا کہلوانا ہرگز

ہرگز منظور نہیں ۔ بھلے سے آدمی دادا یا نانا بن جائے لیکن دادی یا نانی کا شوہر کہلوانا گوارا نہیں ۔

کسی کے بال نزلہ سے کم عمری میں سفید ہو جاتے ہیں اور کسی کو دھوپ میں بال سکھا کر سفید کرنے کا طعنہ دیا جاتا ہے ۔ کوئی کیشو اپنے سفید بالوں کی شکایت کرتے ہوئے کہتے ہیں؛ ؎

کیشو اس کری جس اری ہو نہ کرہ اینھ
چندر بدن مرگ لوچنی بابا کھی جانیھ

یعنی سفید بال کچھ ایسا سلوک کرتے ہیں جو دشمن بھی نہ کرے گا ۔ مطلب یہ کہ حسینانِ ماہ پارہ اور مہ جبینانِ آہو چشم اس کو "بابا" کہہ کر پکارتے ہیں ۔

ایک اور شاعر اپنے سفید بالوں کے حوالہ سے کہتے ہیں کہ یہ جو سفید ہو گئے سو ہو گئے لیکن ان کی سفیدی چہرہ کو روسیاہ نہ بنا دے ؎

چوں موئے سیہ سفید کردی زکرم
باموئے سفید روسیاہم نہ کنی

اب سوال یہ پیدا ہوتا ہے کہ کسی کو آخر بوڑھا کب کہا جائے ۔ ؏

شباب مٹ گیا یادِ شباب باقی ہے

محض پیرانہ سالی کو گن کر کسی کو بوڑھا نہیں کہا جا سکتا ۔ چند علامات البتہ مقرر کی جا سکتی ہیں اور انہی کی بنیاد پر جواں سال یا بوڑھا کہا جا سکتا ہے ۔

ویسے تو ؏

عہدِ پیری میں بھی اے زور جواں ہیں کچھ

مگر کچھ سوال ایسے ہیں جن کا جواب خاطر خواہ مل جائے تو اس کا قطعی فیصلہ ہو سکتا ہے اور اپنے آپ کو پیرانہ سالی کے حدود کے اندر یا باہر سمجھا جا سکتا ہے ۔

لیکن ان سوالوں کا جواب خود کو دینا ہوتا ہے تو لیجیے حسب ذیل اُمور پر غور کیجیے اور خود ہی اپنے حق میں تصفیہ کیجیے :

۱۔ جب یہ اشعار خود بخود وردِ زبان ہوں :

گُلوں میں اب پہلی سی بُو نہ رہی
وہ عزیزوں میں لُطف کی خو نہ رہی
وہ حسینوں میں رنگِ وفا نہ رہا
کہیں اور کی کہا کہ وہ ہمیں نہ رہے

۲۔ جب آپ اپنی غذا میں کیلری گننے لگیں ۔

۳۔ جب آپ کی میز کھانے پینے کی ساری نعمتوں سے بھری ہو اور آپ ڈاکٹر کے مشورہ کی وجہ سے ان میں سے کسی کو ہاتھ نہ لگا سکیں ۔

۴۔ جب شربت کی بجائے سوڈا پینے لگیں کہ اس سے ہاضمہ ٹھیک رہتا ہے ۔

۵۔ جب آپ کے نام خطوط گِنے چُنے آنے لگیں، دعوت نامے بالکل نہ ہوں اور آپ کی بیوی کو بالکل پرواہ نہ ہو کہ کس کا خط ہے تحریر کیسی ہے ۔

۶۔ آپ کی سالگرہ پر کولون اور شیو لوشن کی بجائے مفلر اور گرم کپڑے تحفہ میں ملیں ۔

۷۔ جب آپ مس انڈیا کے مقابلہ کے دن محض امین سیانی یا ڈیوڈ کی دل چسپ کامنٹری سننے کے لیے برلا ھال جانے کی تیاریاں کریں ۔

۸۔ اخبار میں اسپورٹس کالم کی بجائے اموات کا کالم توجہ کا مرکز بن جائے ۔

۹۔ جب اجنبی ضرورت سے زیادہ آپ کا ادب لحاظ کرنے لگیں ۔

۱۰۔ آپ محفلوں میں اپنے آپ کو بیشتر اکیلا محسوس کریں اور سب ہی ایک دوسرے کے ساتھ محوِ گفتگو ہوں ۔

(۱۱) جب نئے سوٹ کے لئے دکان پر کپڑا پسند کر رہے ہوں تو دکاندار صرف خاکی یا ملگجے رنگ کے کپڑے ہی دکھائے۔
(۱۲) موزے اور سوئیٹر کی ضرورت زیادہ ہی محسوس ہونے لگے۔
(۱۳) لوگ ہر ملاقات میں استفسار کریں کہ آپ کی سروس کے کتنے سال باقی ہیں۔
(۱۴) جب کبھی کوئی آپ کو کرسی پر فائز دیکھنے پر چلا اٹھے کہ ابھی آپ برسرِ کار ہیں۔
(۱۵) جب لوگ بار بار یہ پوچھیں کہ بعد وظیفہ کہاں قیام پذیر ہونے کا ارادہ رکھتے ہیں۔
(۱۶) جب آپ یہ سمجھنے لگیں کہ سفید بال اعزاز و افتخار کی علامات ہیں۔
(۱۷) جب آپ بچوں کو کسی بات پر منع کریں اور وہ اسی بات کی اجازت آپ کی بیوی سے حاصل کرلیں۔
(۱۸) عورت کے لئے آئینہ جب بہت زیادہ دل کش نہ رہے۔
(۱۹) جب لوگ خواتین سے سوال کرنے لگیں:
(ا) تو آپ بالوں میں خضاب نہیں لگاتی ہیں؟
(ب) آپ دن بھر گھر پر کیا کرتی رہتی ہیں؟
(ج) اب تو ماشاء اللہ سے آپ کے لڑکے لڑکیاں بڑے ہوگئے ہیں۔
(د) آپ کی کونسی سالگرہ ہے؟
یہ کچھ ایسی باتیں ہیں جو ہر انسان کو اپنے محاسبہ میں مدد دیں گی۔

اور ان کے جواب آپ کو بتادیں گے کہ آپ اپنی عمر کے کونسی موڑ پر ہیں اور آئندہ کے لئے کیا لائحہ عمل اور کیسی سوچ اختیار کرنا چاہیئے۔ ایک بات ضرور ہے جس کی صد باجے پوری وضاحت کرتے ہیں

سے

ہو عمرِ خضر بھی تو کہیں گے لوگ بوقتِ مرگ
ہم کیا رہے یہاں، ابھی آئے ابھی چلے

✣ ✣ ✣

کیا آپ انھیں جانتے ہیں؟

یہ تو جانی پہچانی صورت لگتی ہے' اور وہ خود بھی مسکرا مسکرا کر علیک سلیک کر رہے ہیں۔ وہ دیکھئے اتنے بڑے مجمع میں دوسرے کونے سے ہماری طرف لپک کر آر ہے ہیں۔ خندہ پیشانی سے مصافحہ کے لئے ہاتھ بڑھایا ہے اور بغل گیر ہونے کے لئے آگے بڑھ رہے ہیں۔ جب وہ اتنی بے تکلفی اور جان پہچان کا اظہار کر رہے ہیں تو ہم کو بھی چاہئے کہ انھیں پہچاننے کی کوشش کریں لیکن دماغ پر لاکھ زور دینے پر بھی یہ مسئلہ حل نہیں ہوا۔ رسمی بات چیت بھی شروع ہو چکی ہے۔ سمجھ میں نہیں آتا کہ آخر ان کا تعلق کس گروپ سے ہے — بچپن کے ساتھی ہیں؟ — ہم پیشہ ہیں؟ — ہم مشرب ہیں؟ — کبھی ہم پیالہ و ہم نوالہ بھی رہے؟ — محلہ داری رہی ہے؟ ایک ہی کلب کے ساتھی ہیں؟ — اب یہ گتھی سلجھے تو کیسے؟

ایسے کٹھن لمحے ہر ایک کی زندگی میں بار بار آتے ہیں اور بہت کم ان کا سیدھا سادا حل نکلتا ہے ورنہ ایک دماغی کشمکش رہ جاتی ہے اور اس محفل سے

بھاگ نکلنے میں ہی خیریت نظر آتی ہے ۔

مدّتوں اس مصیبت کو جھیلنے کے بعد ہم اس نتیجہ پر پہنچے ہیں کہ حاضر دماغی یا حافظہ کی گہرائی اور گیرائی سے اس کا کوئی تعلق نہیں ۔ چلئے اب ہم آپ کو ایک ایسا طریق کار بتاتے ہیں جو ایسے نازک موقعہ پر کام آئے اور اُلجھن دُور ہو ۔

ایسے وقت جب کہ آپ کا دماغ شل ہو رہا ہو اپنا ردِعمل اور رویہ کیسا ہونا چاہیئے ۔ اس کے لئے ہم کچھ نکات پیش کرتے ہیں ۔ ہمیں یقین ہے کہ ان سے آپ کو ضرور مدد ملے گی ۔

لیجئے سب سے پہلے تو علیک سلیک، آداب سلام انہی کو ایڈجسٹ کر لیجئے اور کچھ مدارج ایسے قائم کر لیجئے کہ یہ آپ کی گتھی کو کسی حد تک اس طرح سلجھا سکیں اور پچھلی ملاقاتیں، سابقہ مراسم اور ایسی ساری باتیں روزِ روشن کی طرح سامنے آ جائیں ۔

اس کے لئے تو سب سے پہلے اس بات کا بخوبی اندازہ لگائیے کہ مدِمقابل آپ کی طرف محض وقت گزاری اور اپنی بوریت کو مٹانے کے لئے آ رہا ہے یا کوئی خاص مقصد اس کے پیش نظر ہے ؟ اگر وہ محض اپنے وقت کا گلا گھونٹنے کے لئے آپ کا سہارا چاہتا ہے اور اس کی یا اپنی کوئی بھی بات دماغ میں نہیں آ رہی ہے تو اپنا ہاتھ مصافحہ کے لئے بڑھاتے ہوئے بہ اطمینانِ خاطر آپ کہہ سکتے ہیں ۔ " اوہ ! کیا عجیب اتفاق ہے ۔ ہم آج ہی آپ کی بات سوچ رہے تھے اور دل میں یہ کہہ رہے تھے کہ مدّت ہوئی آپ سے مڈبھیڑ تک نہیں ہوئی ۔ کہئے کیا حال چال ہیں، زندگی کیسے بیت رہی ہے ؟" ۔ لیجئے سب کچھ کہتے ہوئے بھی آپ نے کچھ نہیں کہا اور اپنے انجانے پن کو چھپا لیا ۔ اس پر لازماً وہ شخص آپ کو یاد دلانے کی کوشش کرے گا کہ اس سے آپ کی حالیہ ملاقات کہاں اور کب ہوئی تھی ۔ یا تو وہ کہے گا ، کل پرسوں ہی تو آپ ان سے ریس کورس پر ملے تھے اور اس نے آپ کو جیتنے والے گھوڑے سے

کی رٹپ دی تھی۔ اب اگر ان کا کل پرسوں، برسوں مہینوں کی بات ہو تو آپ ایک بار پھر اس الجھن سے نکلنے میں ناکام رہیں گے۔ اگر سچ مچ کل پرسوں کی بات ہے تو کیا کہنے اب آپ کا اسکور بآسانی بڑھ سکتا ہے، آپ ان کو پہچان جائیں گے اور آپ کا موڈ بہتر ہو جائے گا اور جو یہ نہ ہو تو اسی موضوع پر قائم رہئے شاید بات بن جائے۔

یہاں پر آپ کا مشاہدہ تیز ہونا چاہیئے۔ اب اس پر نظر رکھئے کہ مدمقابل کتنی بے تکلفی برت رہا ہے۔ اس کے چہرہ مہرہ پر یاری دوستی کے کیا نقوش ابھر رہے ہیں۔ اگر فی الواقع وہ یارِ غار ہونے کا دعویٰ کر رہا ہے تو اس سے اسی انداز سے مخاطب ہوئیے اور گرم جوشی سے کہئے — "اے ہئے! کیا حسین اتفاق ہے کہ ہمارا لنگوٹیا یار اس طرح اچانک مل رہا ہے۔ اخوہ ہم نے کوئی اور بھی خواہش کی ہوتی وہ بھی پوری ہو جاتی۔ بتاؤ یار کیا شغل ہے آج کل۔ کیا وہی پرانی عادتیں اور رفتار بے ڈھنگی — اور وہ تمہارا اپنا یار — کیا نام ہے اس کا — اچھا سا نام ہے نا — وہ کیسا ہے، کہاں ہے کیا کر رہا ہے؟" — اب اگر ان کی طرف سے کسی پرانے یار کے نام کا سہارا مل جائے تو کیا کہنے۔ اس طرح گفتگو کا سلسلہ ایک بار شروع ہو جائے تو اس کے سوا اور کوئی چارۂ کار ہی نہیں کہ اس کو بہر صورت آگے بڑھایا جائے تاکہ اس دوران میں شاید کوئی سُراغ لگے اور یادداشت کو کھنگالا جا سکے۔

بات چیت کا سلسلہ جاری رکھنے کے لئے آزمائے ہوئے کچھ نکات پیش ہیں:

سب سے پہلے تو سوالات کی بوچھار کر ڈالئے کہیں نہ کہیں تو قابلِ گرفت بات ہاتھ آ جائے گی۔

اگر یہ شخص تن تنہا ہو تو پہلا سوال کر ڈالئے۔ "بتاؤ یار! بال بچے سب راضی خوشی ہیں، بھائی کہاں ہے؟" اور اگر کوئی خاتون ساتھ میں ہو تو بات اس طرح اور آگے بڑھائی جا سکتی ہے — "تو بتائیے بھابی! یہ ہمارا یارِ غار ٹھیک ٹھاک تو

ہے نا ؟ اس کی پرانی عادتیں تو آپ نے ضرور سدھار دی ہوں گی ــــ دیکھئے نا، یہ کتنا سنجیدہ لگ رہا ہے ــــ" اور جو یہ خاتون ان کی بیگم نہ ہوئی تو ــــ اب آگے کی بات آپ ہی سوچ سمجھ کر نباہ لیجئے۔

اگر ساتھ میں کوئی صاحبزادے ہوں تو ان کی طرف دیکھ کر یہ کہا جا سکتا ہے " ارے یہ منا تو کتنا بڑا لگ رہا ہے"۔ اور بچے سے مخاطب ہو کر " دوست بتاؤ تو کیا کر رہے ہو ــــ والد بزرگوار کی طرح اپنے اُستادوں کو تنگ تو ضرور کرتے ہوگے؟ ان سوالات سے بھی بات نہ بنے تو پھر اس طرح سلسلۂ گفتگو چھیڑا جا سکتا ہے، " ہاں بتاؤ تو وہ اپنا دوست تھا نا ــــ بھلا سا نام ہے اس کا ــــ (یہاں پر انتظار کیجئے کہ وہ لقمہ دے اور کسی عزیز دوست کا نام پیش کرے) کیسا ہے بھئی وہ ــ؟ ملتا ہے کہیں ــ؟ کرتا کیا ہے وہ ظالم ــ؟"

اور جو ان پر صحت مندی کے آثار ہویدا ہوں تو پوچھئے ــــ " کس چکی کا پسا ہوا آٹا کھاتے ہو یار، ماشاءاللہ بڑے تنومند ہو، خُدا نظرِ بد سے بچائے۔"

راست سوال جواب سے ہٹ کر غور کیجئے کہ اگر ساتھ میں کوئی جانا پہچانا آدمی ہے تو نووارد یا اجنبی شخص سے چھٹکارا پانے کے لئے اس شخص کو بھی اسی زمرہ میں گھسیٹ کر گفتگو کا دائرہ وسیع کیا جا سکتا ہے لہٰذا فوراً آپ ان کا اچٹتا ہوا تعارف کرائیے۔

" آپ تو یقیناً راجیندر کو جانتے ہوں گے۔ یہ ہمارے بڑے خاص الخاص دوست ہیں اور بڑے کام کے آدمی۔"

اس سے بڑھ کر کچھ نہ کہیئے۔ دونوں کو بھی سوچ میں غرق ہونے دیجئے اور پھر آپس میں ایک دوسرے سے نپٹ لینے دیجئے۔ جو دیوار ان دونوں کے بیچ کھڑی ہے اس کو اُوپر کے بتائے ہوئے طریقِ عمل سے گرانے کی کوشش کیجئے۔ آپ کی مشکل تو ہٹ گئی۔ اب یہ ان پہ چھوڑیئے کہ وہ کس طرح راجیندر سے آغازِ گفتگو کرتے ہیں۔

آیا وہ بھی اسی طرح ٹٹولنے لگتے ہیں یا یکلخت اپنی نادانی یا کم فہمی کا اقرار کرکے باندازِ معافی پوچھتے ہیں ــــ " راجیندر بابو ہم پہلے کہاں ملے ہیں، آپ کی رہائش کہاں ہے۔ کیا کام کرتے ہیں آپ ؟"

لیکن ہم یہاں پر یہ بتادیں کہ آج کل کی سماجی ڈپلومیسی کچھ اس ڈھنگ کی ہے کہ اس طرح کوئی اقرار کرتا ہے نہ اقبال ــــ وہ اپنی ناواقفیت پر پردہ ڈالے اندھیرے میں ٹٹولنا شروع کرتا ہے اس لئے کہ ہر شخص اس بات کا خواہشمند رہتا ہے کہ ہر تقریب میں مدعو لوگوں سے گھل مل جائے اور ان کا قرب حاصل کرلے۔ یہ نہیں کہ کسی ایک سے لمبی چوڑی باتوں میں مصروف ہوجائے۔ اس کی نظر تو ہر آنے جانے والے پر لگی ہوتی ہے کہ کون اہم شخصیت ہے، کون مہمانِ خصوصی ہے، کس کے ساتھ کس کی اچھی بنتی ہے۔ کوئی مطلب کا آدمی ہو تو اس سے تعلقات بڑھائے جائیں، اور مطلب براری کا راستہ ڈھونڈھ لیا جائے۔

ان محفلوں میں نہ تو کسی کی بات کوئی کان دھر کر سنتا ہے اور نہ اس کا صحیح جواب دینا ضروری سمجھتا ہے۔ صرف نقلی قہقہے بکھیرے جاتے ہیں، جھوٹی مسکراہٹیں ہونٹوں پر ہوتی ہیں۔

روایت ہے کہ ایک صاحب اسی بات کا امتحان لینے کی غرض سے دروازے کے قریب ہی اپنا گلاس ہاتھ میں لئے کھڑے ہوگئے اور ہر آنے والے سے کہتے تھے:

" میری دادی کا ابھی ابھی انتقال ہوا ہے "

اب اس خوشگوار قہقہہ بردوش محفل میں کون جینے مرنے کی بات کہنے سننے چلا ہے۔ اس لئے ہر شخص جواباً یہی کہتا ہوا سنا گیا " اوہ اوہ! بڑی دلچسپ بات ہے، بہت خوب، بہت خوب ــــ " اور لوگ آگے نکل جاتے۔ حساب لگایا گیا کہ دس میں سے نو نے کچھ اسی طرح کا جواب دیا۔ صرف ایک آدمی نے کان دھر کر سنا اور کچھ جملے

تعزیت کے کہے اور مجمع میں گھل مل گیا ۔ اس نے یقیناً آزادی کی سانس لی ہوگی ۔

ایسے میں یہ بھی ہوتا ہے کہ اس طرح کی ذرا سی بھی اُلجھن درپیش ہو تو لوگوں کو اپنے اور بھی زیادہ ضروری کام یاد آتے ہیں اور وہ الگ سے کھسک جاتے ہیں ۔

ہم آپ کو یہی مشورہ دیں گے کہ پہچان نہ سکیں تو اُلجھن کو نہ بڑھائیے ۔ اپنے حافظہ کو نہ کوسئے بلکہ اپنے مدِمقابل کو ابھی بتلائے ہوئے کسی نہ کسی طریق سے اسی الجھن میں پھنسا دیجئے ۔ اور خود الگ ہو جائیے ۔

اس کا بھی ذرا دھیان رکھئے کہ خدانخواستہ ہماری آپ سے مڈبھیڑ ہو جائے اور ہماری صورت شناسا نظر آتے ہوئے بھی ان جانی لگے تو ان نسخوں کو ہم پر نہ آزمائیے، بلکہ ایک ہلکی سی مسکراہٹ اور گردن کے خم سے اشارہ کرتے ہوئے آگے نکل جائیے تاکہ ہم دونوں ہی اس قسم کی مصیبت سے محفوظ رہیں اور اپنی اپنی جگہ خوش وخرم ۔

خوشامد

خوشامد اور تعریف و توصیف کو بہت بُرا سمجھا جاتا ہے۔ جبکہ وہ کسی اور کی کی جا رہی ہو اور جو وہ ہمارے حق میں ہو تو اس سے بہتر اور کوئی سامعہ نواز بات نہیں۔ جب کسی کی چاپلوسی میں کچھ کہنے کو نہ ہو تو محض یہ کہہ دینا کافی ہوتا ہے کہ صاحبِ ممدوح خوش آمد کو پسند نہیں فرماتے۔

ہر شخص اپنی تعریف کے لئے بڑی حد تک حسن طلب سے کام لیتا ہے، کبھی خاکساری اور کبھی انکساری کے جملے کہہ کر اپنی توصیف کا جویا ہوتا ہے لیکن جب تعریف کے پُل باندھے جاتے ہیں تو ایک بے چینی سی پیدا ہونے لگتی ہے اور اندرونی طور پر جو باتیں گوارا ہوتی ہیں اور جن کو دل ہی دل میں قبول کر لیا جاتا ہے ان کے متعلق کچھ ایسی باتیں کہنا ضروری سمجھا جاتا ہے، آپ کیا فرما رہے ہیں؟ آپ تو کانٹوں میں گھسیٹ رہے ہیں، ہم کو شرمسار کر رہے ہیں حضور، من آنم کہ من دانم، آپ تو غضب کر رہے ہیں، کس قدر مبالغہ سے کام لے رہے ہیں آپ۔ یہ تو آپ

کی فراغ دلی ہے جو آپ ان خوبیوں سے ہم کو منسوب کر رہے ہیں ۔ یہ محض آپ کا حُسنِ ظن ہے ۔

یہ مشاہدہ ہے کہ جب کسی سے تحسین آمیز الفاظ میں بات کی جائے تو وہ اپنا فرض سمجھتا ہے کہ اس کے متعلق کہی ہوتی باتوں کا اس طرح جواب دے جیسے کوئی کسی کی دعوت قبول کر کے سمجھتا ہو کہ میزبان کا محض شکریہ ہی ادا کرنا کافی نہیں ہے جوابی دعوت کے ترتیب دینے کا فوری اعلان بھی ضروری ہے۔ تہنیتی پیغام کا جواب دینا جتنا ضروری ہوتا ہے اس طرح اپنی تعریف کے جواب میں کچھ کہنا لازمی ہوتا ہے ۔ ہم نے لوگوں کو اپنی برائی سن کر آپا بے چین ہوتے نہیں دیکھا جتنا کہ مدح سرائی پر جز بز ہوتے دیکھا ہے ۔ ایسے وقت وہ جذبہ کارفرما ہوتا ہے جو انتقامی جذبہ کے مماثل ہوتا ہے۔ اور فوری ردِ عمل کا متقاضی ہوتا ہے ۔

اپنی ڈفلی آپ بجانا یا اپنے ڈھول آپ پیٹنا، اپنے منہ میاں مٹھو وغیرہ اس قسم کے محاورے ہیں جن کو سُن سُن کر ہر ذی ہوش اور خرد مند یہ طے کر لیتا ہے کہ نہ وہ خود اپنی تعریف کرے گا اور نہ کسی اور کے منہ سے اپنی تعریف سننا گوارا کریگا. حالانکہ اپنی تعریف پر سن ہی من میں ہر ایک پھولا نہیں سماتا کہ اس کے متعلق اور کچھ نہیں تو اس قدر حسنِ ظن ضرور ہے ۔ مہمانوں کے لئے دستر خوان ساری نعمتوں سے سجا کر بھی ہم یہ کہے بغیر نہیں رہتے " بھئی یہ سب بڑی جلدی میں ہوا، ہم کچھ خاص نہیں بنا سکے ارادہ تو یہ تھا کہ کچھ اور لوازمات رکھے جائیں مگر . . . . . وہ ہمارا خانساماں آج بڑی دیر سے آیا" یا پھر کسی کی سالگرہ پر اچھے سے اچھا تحفہ دے کر بھی ہم یہ کہے بغیر نہیں رہتے کہ " ہم تو یہ چاہتے تھے کہ آپ کے لئے کوئی بڑھیا چیز خرید کر لائیں مگر آج بازار میں کوئی حسبِ دلخواہ چیز ملی ہی نہیں ـــ" دوست احباب کے بیحد اصرار پر کوئی اچھی سی غزل بہت ہی عمدہ طرز میں سُنانے کے بعد تعریف پر یہ

کہنا ہر ایک ضروری سمجھتا ہے کہ " آج کچھ گلا خراب ہے اور آواز اتنی اچھی نہیں "۔ یا " ایک عرصہ سے ریاض ہی نہیں کیا "۔ صریحی طور پر اس کا مطلب یہ ہوتا ہے کہ سننے والے یہ ضرور کہیں ' واہ بھئی واہ کیا کہنے آپ کے ۔ جب آپ کا گلا خراب ہونے پر بھی آپ اتنا اچھا گاتے ہیں تو پھر آپ کا شمار چوٹی کے کلاکاروں میں ہونا چاہئے ـــــ بہت سوں کا خیال ہے کہ تعریف ایک قسم کی بخشش یا عنایت ہوتی ہے جس کو قبول کرنا ہمارے شایانِ شان نہیں اور ردِ عمل نہایت ہی باغیانہ قسم کا ہوتا ہے ۔ اس وقت ذہن میں یہ بات ہوتی ہے کہ تعریف کرنے والا اپنے آپ کو ہم سے بلند و بالا سمجھتا ہے اور یہ اس کی مہربانی اور عنایت ہے جو ہم پر نچھاور کر رہا ہے جیسے کوئی رئیس ' راجہ یا نواب کسی کلاکار کو نوازتا ہے یا کوئی جج بن کر ہم کو بے گناہ قرار دے رہا ہو ۔

کچھ لوگ تو اپنی تعریف کے الفاظ سُن کر بھڑک اُٹھتے ہیں انھیں یہ خدشہ لگ جاتا ہے کہ یہ شخص تعریف کے بعد اپنی کوئی التجا ان کے سامنے رکھنا چاہتا ہے ، اور یہ محض اس کی تمہید ہے ۔ مرد کسی عورت کی کسی قسم کی بھی تعریف کرے تو اس کو یہ شبہ ہوتا ہے کہ یہ ضرور کسی قسم کی بوالہوسی کا شاخسانہ ہے حالانکہ دل ہی دل میں وہ تعریف کرنے والے کے ذوق اور سمجھ بوجھ کی قائل ہوجاتی ہے ۔ تاجر و بیوپاریوں کے ذہن میں یہ بات آتی ہے کہ شاید اس تعریف کے بعد کسی معاملہ میں رعایت یا کمی کی بات نکلنے والی ہے اور سننے والا اپنے آپ کو اس سے بچانے کی ذہنی تیاری شروع کر دیتا ہے ۔ ایک اور دلچسپ صورتِ حال یہ ہے کہ تعریفی باتیں سننے کے بعد یہ اُلجھن سوار ہوتی ہے کہ ہم ان خوش آئند خیالات کے صحیح مظہر نہ بن سکیں گے اور ان خوبیوں کے معیار پر نہ اُتر سکیں گے اور لوگوں کو بدظن ہونے کا موقع ملے گا ۔ یہ بات جب ذہن پر چھا جاتی ہے تو اس کے نتائج

بڑے خطرناک ہو سکتے ہیں۔ کسی سے یہ کہا جائے کہ تم نے جرمنی سے جو سودا کیا ہے وہ بڑا ہی اچھا ہے تو اس کو یہ فکر لاحق ہوگی کہ کہیں فرانس کا سودا بگڑ جائے تو اپنی پول کھل جائے گی۔ اسی وجہ سے بسا اوقات کامیاب و کامران افراد بھی تعریف سے بہت خائف رہتے ہیں۔

ایک اور قسم کی "مدح سرائی" ہوتی ہے جو پیش خیمہ ہوتی ہے کسی خاص مطلب اور ضرورت کی۔ جس کے لئے یہ پیش بندی ہوتی ہے۔ کسی سے کوئی کام لینا ہو یا مطلب براری مقصود ہو تو پہلے یہ کہا جائے گا ــ "بھئی تم تو حساب کتاب میں ہمیشہ سے بڑے ماہر رہے ہو اور سب ہی جانتے ہیں کہ تم منٹوں میں مشکل سے مشکل سوال کا حل نکال لیتے ہو۔ ہے نا ــ؟" اس کے بعد پھر اپنی غرض و غایت اس طرح پیش کی جائے گی کہ سننے والے کو ان کی بات ماننا ہی پڑے گا۔ یہاں یہ بات بھی ذہن میں آتی ہے کہ پسِ مرگ لوگ مرحوم کی خواہ مخواہ بھی تعریف کرتے ہیں جس کی دلیل یہ ہوتی ہے کہ بے چارہ اب دنیا میں تو نہیں اس کی برائیوں سے ہمارا کیا واسطہ اور بڑے سخی انداز میں کہیں گے خوب آدمی تھا۔ پھر عزیز و اقارب، رشتہ دار، بھائی بند اس کی شان میں مرثیہ لکھواتے ہیں اور کچھ اشعار اس کی قبر پر بطور کتبہ کندہ کراتے ہیں۔ تاریخِ وفات کسی موزوں مصرعہ میں جوڑیں گے اور قبر کے پتھر پر قطعہ تاریخ نقش کریں گے اخباروں میں اموات کے کالم میں کچھ اچھی باتیں لکھیں گے اور کبھی برسی منائیں گے اور اخباروں میں " فلاں کی یاد میں" کے عنوان کے تحت اس کی تصویر بھی شائع کریں گے ــــ یہ بھی تو ایک قسم کی تعریف ہے۔ جو مرحوم کی رُوح کو خوش کرنے کے لئے کی جاتی ہے اور رُوحانیات کے ماہر ہمیں بتا سکتے ہیں کہ ان سے داغ مفارقت دے جانے والی رُوح کہاں تک متاثر ہوتی ہے۔ کہتے ہیں کہ کسی عیسائی کی موت پر پادری صاحب نے آخری رسومات کی ادائیگی کے وقت

حسبِ معمول مرحوم کی خوبیاں گنانی شروع کیں کہ بڑے نیک، متقی اور پارسا تھے، لوگوں میں بہت ہی ہر دلعزیز تھے، بیوی بچوں سے بڑا پیار تھا، ان کی گھریلو زندگی بھی سکھی تھی، غریب اور مستحق لوگوں کی مدد کیا کرتے تھے وغیرہ وغیرہ۔ بے چاری بیوہ اپنے غم واندوہ میں مبتلا یہ سب باتیں سُن رہی تھی اور جب مرحوم کی اچھائیاں گنتی میں بڑھتی گئیں تو اس کے صبر کا پیمانہ چھلک اُٹھا اور اس کے منہ سے بے ساختہ نکلا "کہیں یہ لوگ غلطی سے میرے شوہر کی بجائے کسی اور کو تو نہیں دفنا رہے ہیں۔"

جس طرح زیادہ مٹھاس کڑواہٹ پیدا کرتی ہے اس طرح خوبیوں کی بے حد وحساب گنتی بھی ناقابلِ برداشت تلخی پیدا کرتی ہے۔ کبھی کبھی تو یہ ہوتا ہے کہ دو چار تعریفی جملوں کے ساتھ پھٹکار برسائی جاتی ہے۔ اس تعریف میں طنز واستہزا بھی ہوتا ہے اور زہر قند بھی۔ اس کے سوا یہاں ستم ظریفی سے بھی کام لیا جاتا ہے جیسے کوئی کہے "یار تم تو بڑے سمجھدار اور دانشور ہو، پھر تم نے یہ احمقانہ حرکت کیسے کی؟" یا پھر کسی لڑکے سے کہا جائے "تم تو ماشاءاللہ بڑے اچھے طالب علم ہو، ہمیشہ اچھے نمبرات لیتے ہو پھر یہ بے ہودگی تم سے کیسے سرزد ہوئی؟"

اسی وجہ سے لوگ تعریفی جملوں کی ابتدا پر ہی چوکنے ہو جاتے ہیں کہ دیکھئے آگے آگے ہوتا ہے کیا۔ اس قسم کی ثنا خوانی آسمان سے زمین پر پٹک دیتی ہے۔ بسا اوقات تعریف اُلجھن میں مبتلا کر دیتی ہے اس لئے بطورِ خاص یہ امر ملحوظ خاطر رہنا چاہئے کہ اس قسم کی باتیں چرب زبانی کی حدود تک نہ پہنچ جائیں اور وہ مناسب حد میں رہیں، اس حد تک کہ وہ قابلِ قبول بلکہ قابلِ برداشت ہوں۔ اس سے آگے تو پھر نتائج مہلک ہو سکتے ہیں اور یہ باتیں مخول اور ٹھٹھا پر محمول کی جا سکتی ہیں اور یہ گمان بجا طور پر ہو سکتا ہے کہ کھلی اُڑائی جا رہی ہے اور ایک طرح سے اپنی نااہلیت کو ہمیشہ احساس کمتری میں مبتلا کر سکتا ہے۔ سورج کی راست اور تیز روشنی جس طرح انسان کو جھلس دیتی ہے اسی

طرح مبالغہ آمیز تعریف بھی سننے والے پر آفت ڈھا سکتی ہے۔ سورج کی ہلکی روشنی خوشگوار موسم میں جسم کے اندر گدگدی پیدا کر دیتی ہے اسی طرح تعریف کے نپے تلے جملے راحت افزا ہو سکتے ہیں محض ADJECTIVES پر مشتمل تعریف اچھی نہیں ہوتی۔ اس کی بجائے بیانیہ انداز زیادہ قابلِ قبول ہوتا ہے۔ کس نے کون سے اچھے کام کئے ہیں ان کا اظہار تعریف کے شیریں اور ٹھنڈے جام ثابت ہوگا۔ آپ بڑے بہادر اور شجیع ہیں کہنے کی بجائے اگر یہ کہا جائے کہ آپ نے فلاں موقع پر بڑی بہادری دکھائی تو یہ جملہ بڑی آسانی سے قبول کر لیا جاتا ہے اور دوسرے سننے والے بھی اس سے مرعوب ہوتے ہیں بچوں سے بھی کچھ اسی قسم کی بات ہو تو اچھا ہوتا ہے کہ تم نے آج حساب کے سارے سوال بڑے اچھے حل کئے یا تمہارا فلاں مضمون بڑا صاف اور واضح طور پر لکھا گیا ہے۔ اور زبان بھی اچھی ہے۔ اگر اس کی بجائے کہا جائے کہ تم تو بڑے اچھے مضمون نگار ہو یا تم تو حساب کے بڑے ماہر ہو تو بات کچھ بنتی نہیں۔ جن بچوں کو لاڈ پیار سے پالا جاتا ہے اور جن کی موقع بے موقع سراہنا کی جاتی ہے وہ بڑے ہو کر نکمّے اور نا اہل ثابت ہوتے ہیں۔ ان کی عادتیں اتنی بگڑ جاتی ہیں کہ پھر سدھارنا نا ممکن ہوتا ہے۔ لاڈلے ریش کو مدرسہ میں شریک کرا کے اس کی چاہنے والی ماں نے مدرّس سے کہا "ماسٹر جی ہمارا لال بہت ہی چہیتا اور دلارا ہے، ہم کبھی اس کو کسی بات پر ٹوکتے ہیں نہ اس کی تنبیہ کرتے ہیں، آپ بھی اس کی شرارتوں کو درگزر کیجئے یا پھر اس سے کوئی غلطی سرزد ہو تو اس کے برابر والے لڑکے کی گوشمالی کیجئے یہ خود سہم جائے گا اور آئندہ شرارت سے باز رہے گا۔

اس کے برخلاف راجو کی بات سنئے۔ اس کے والد بزرگوار نے اس کی شرارتوں پر اس کو دو چار چانٹے رسید کئے اور پھر محبت بھرے لہجے میں کہا "بیٹا جانتے ہو میں نے ایسا کیوں کیا؟ پھر اس کو بتایا" اس لئے کہ مجھے تم سے بے حد پیار ہے"۔ راجو کچھ

زیادہ ہی سمجھدار ہے۔ اس نے کہا " باپو مجھے بھی آپ سے بہت پیار ہے اور میری عین خواہش ہے کہ میں بھی آپ کے پیار کا اسی طرح جواب دوں جس طرح آپ نے اپنے پیار کا اظہار کیا ہے "

بعض لوگ مدح سرائی، قصیدہ خوانی اور چاپلوسی کے ایسے عادی ہو جاتے ہیں کہ انھیں اس کے بغیر زندگی میں مزہ ہی نہیں آتا۔ وہ ہر طرف سے جا و بے جا تعریف و توصیف گھسیٹنا چاہتے ہیں اور اس کے لئے بڑی حماقتوں میں مبتلا ہو جاتے ہیں اور ایک طرح سے دائم المریض بن جاتے ہیں۔ ایک زمانہ تھا کہ صاحب ثروت، رئیس، نواب، راجے مہاراجے بطور خاص خوش آمدیوں کو اپنے اردگرد جما کر رکھتے تھے تاکہ ان سے دن رات چاپلوسی اور مدح سرائی کی باتیں سُنیں۔ یہ درباری یا مصاحب کہلاتے اور ایک طرح سے پیشہ ور خوش آمدی ہوتے۔ دن رات چکنی چپڑی باتیں اور دل کو لبھانے والی حکایتیں ان کی ہمہ وقت مصروفیت ہوتی۔ یہ ایک طرح سے مقویات ہوتیں جن کے بغیر رئیسوں پر قنوطیت اور یاسیت کے دَورے پڑتے۔ ان کی سمجھ بوجھ بھی بس اسی حد تک رہتی کہ وہ تو خود تحت الثریٰ میں رہتے مگر ان کا دماغ ساتویں آسمان پر۔ ان کی پچھلی کارگزاریوں یا عدم کارگزاریوں کو نمک مرچ لگا کر اس طرح بیان کیا جاتا کہ وہ خود اس پر یقین کر بیٹھتے۔ کبھی انھوں نے بندوق چلائی ہو تو اس کا اس قدر طول طویل افسانہ بنتا کہ ناول کی ناول تیار ہو جائے۔ ایک خاندانی رئیس کے متعلق یہ شہرت تھی کہ ان کی بندوق کا نشانہ اتنا کارگر اور پکا ہے کہ وہ آنکھ بند کر کے بھی کسی ہرن کی طرف چلا دیں تو بندوق کی گولی خود ہی ہرن کا پیچھا کرتی۔ وہ اگر دائیں طرف مڑتی تو گولی بھی دائیں، اور تیز رفتار ایسی کہ کبھی ہرن آگے تو کبھی گولی آگے، جب تک کہ ہرن زد میں نہ آئے وہ برابر اس کا پیچھا کئے جاتی۔ اس قسم کی مدح سرائی ہر دَور میں ہوتی رہی اور ہوتی چلی آ رہی ہے۔ چنانچہ فی زمانہ اس قسم کی چاپلوسی کرنے والوں کو بجائے مصاحب یا درباریوں کے عام زبان میں

"چمچہ" کہا جاتا ہے اور سارا وقت "چمچہ گری" میں لگے ہوتے ہیں ۔

اُردو زبان نے مسکہ لگانے کے محاورہ کو بھی قبول کر لیا ہے اور جہاں کہیں کسی سے کوئی کام نکالنا ہوتا ہے تو اس تکنیک کو فراخدلی سے استعمال کیا جاتا ہے۔ کسی شخص کو اپنے محکمہ میں ترقی کا موقعہ تھا لیکن اس نے سوچا کہ جب تک حاکم اعلیٰ کو مسکہ نہ لگایا جائے کام بننے والا نہیں۔ چنانچہ میاں بیوی نے اپنے کم عمر لڑکے کی موجودگی میں یہ بات طے کی کہ حاکم اعلیٰ کو کھانے پر بلایا جائے اور اس کو خوب مسکہ لگایا جائے ۔ پُر تکلف دعوت بڑی کامیاب رہی ۔ میاں بیوی نے تعریفوں کے پُل باندھے اور ہر طرح اس کو چڑھایا۔ دعوت ختم ہونے پر جب حاکم مقتدر وداع ہونے لگے تو منے نے میز پر رکھے مسکے کی طرف اشارہ کر کے سوال کیا "یہ مسکہ تو آپ لوگوں نے بڑے صاحب کو لگایا ہی نہیں "۔

یہاں پر گستاخی کی معذرت چاہتے ہوئے ہمارے شعراء کرام کا ذکر بے جا نہ ہوگا جو اپنے کلام کی داد و تحسین کے لئے ہر قسم کے جتن کرتے ہیں اور ایسا کوئی موقعہ ہاتھ سے نہیں جانے دیتے کہ صاحبِ فہم لوگ کہیں جمع ہوں اور یہ اپنا کلام نہ سُنائیں اور داد طلب نظروں سے ان کو نہ دیکھیں ۔ بات یہاں تک چلتی ہے کہ کسی شاعر سے بعد از مرگ فرشتوں نے سوال کیا " آپ کیا چاہتے ہیں جنت یا دوزخ ۔؟ شاعر کا جواب یہ تھا " مجھے جنت اور دوزخ سب برابر ہیں ، مگر مجھے وہ جگہ چاہئے جہاں میرے کلام پر داد دینے والے موجود ہوں "۔

شاعر جہاں اپنی تعریف کو سُن کر خوش ہوتے ہیں وہیں وہ دوسروں کی تعریف میں رطب اللسان ہوتے ہیں تو قصیدہ خوانی پر اُتر آتے ہیں ۔ اس بدعت سے ہمارے شعراء بھی بچ نہ سکے اور انھوں نے شاہانِ وقت اور حاکمانِ زمانہ کی ضرورت سے زیادہ ہی ثنا خوانی کی ہے ؎

کیا کم ہے یہ شرف کہ ظفر کا غلام ہوں
مانا کہ جاہ و منصب و ثروت نہیں مجھے

اے شہنشاہ فلک منظر بے مثل و نظیر اے جہاں دار کرم و شیوہ بے شبہ و عدیل

اسی طرح آم اور بیسن کی روٹی کی تعریف ملاحظہ فرمائیے:

آم کا کون مردِ میداں ہے ثمر و شاخ گرے و چوگاں ہے
مجھ سے پوچھو، تمہیں خبر کیا ہے آم کے آگے نیشکر کیا ہے

نہ پوچھ اس کی حقیقت، حضورِ والا نے
مجھے جو بھیجی ہے بیسن کی روغنی روٹی
نہ کھاتے گیہوں نکلتے نہ خلد سے باہر
جو کھاتے حضرتِ آدم یہ بیسنی روٹی

تعریف و توصیف کی ایک اور صنف ہے سہرا جو صرف شادی بیاہ کے موقعہ پر دُلہا دلہن کی مدح سرائی کے لئے استعمال ہوتی ہے ؎

چرخ تک دھوم ہے کس دھوم سے آیا سہرا
چاند کا دائرہ لئے زہرہ نے گایا سہرا
رشک سے لڑتی ہیں آپس میں اُلجھ کر لڑیاں
باندھنے کے لئے میں نے جو اُٹھایا سہرا

اور جو ہو سو ہو یہ بات بھی صحیح ہے کہ انسان اس کا جویا رہتا ہے کہ اس کی اچھائیوں کو گنایا جائے اور جو اچھائیوں کا فقدان ہو تب بھی کوئی نہ کوئی بات بنا کر بتائی جائے تعریف و توصیف سُن کر بہت سوں کو یہ خدشہ دامنگیر ہوتا ہے کہ یہ لوگ مجھے اچھی طرح سے جان جائیں تو شاید اپنے الفاظ واپس لے لیں۔ اس لئے ضرورت ہے کہ ہم ایسے احساسِ کمتری کو دُور رکھیں۔ جو کوئی اچھی بات کہی جائے اس کو اچھے انداز سے قبول

کیا جائے اور اس کے اہل ہونے کی پوری پوری کوشش کی جائے ۔ اور احساسِ برتری کی لعنت میں گرفتار نہ ہو جائیں ۔

ایسے موقعہ پر سیدھے سادے طریقہ پر شکریہ ادا کرنا کافی ہوتا ہے اور اسی میں سارے جذبات سمائے ہوئے ہونے چاہئیں ۔ زیادہ سے زیادہ ایک آدھ جملہ اس طرح پر کہا جا سکتا ہے " میرے لئے یہ خوشی کا باعث ہے کہ آپ کو یہ بات پسند آئی ۔ اور میری زندگی کا نصب العین ہوگا کہ میں اس کا اہل بنوں ۔

کسی بڑے جلسے میں مہمانِ خصوصی یا صدرِ جلسہ کی بڑھ چڑھ کر مدح سرائی پر صاحبِ ممدوح جھٹ سے یہ کہتے سُنائی دیتے ہیں کہ میں ہرگز اس قابل نہیں کہ اس جلسہ کی صدارت یا اس جلسہ کا مہمانِ خصوصی بنوں ۔ میں اپنے آپ کو اس کا اہل نہیں سمجھتا وغیرہ وغیرہ ۔ گویا کہ وہ تمام حضرات جنھوں نے جلسہ منعقد کیا ہے نہ مردم شناس ہیں اور نہ اتنی سمجھ بوجھ رکھتے ہیں کہ کسی مناسب و موزوں شخص کو اس اعزاز کے لئے چنیں بالفاظِ دیگر وہ بڑے بے وقوف ہیں ۔

لوگوں سے ہر وقت اپنی تعریف کی توقع رکھنا اپنی صلاحیتوں پر بے اعتمادی کا باعث ہوتا ہے ۔ اس کے برخلاف اپنی قابلیت، اہلیت اور اپنے ہُنر کو خود ہی پرکھنا اور ان سے کام لے کر ایک کامیاب انسان بننا فی الحقیقت عقلمندی کی بات ہے ۔

ایمرجنسی

بمبئی اور حیدرآباد کا فاصلہ جتنا ہے اتنا ہی حیدرآباد تا بمبئی ہوگا یہ تو سب ہی جانتے ہیں کہ ہولی اور دیوالی کے بیچ سات مہینے ہوتے ہیں مگر دیوالی اور ہولی کے بیچ سات نہیں پانچ مہینے کا فصل ہوتا ہے اس لئے اب ہم ہولی کے رنگا رنگی تہوار کے موقع پر دیوالی کے دیئے اور جگمگاتی روشنی اور ہر طرف چھوٹتی ہوئی پھلجھڑیوں کی باتیں نہیں کریں گے بلکہ روزمرہ کی زندگی میں جو قدم قدم پر پھلجھڑیاں چھوٹتی رہیں، کلیاں چٹکتی ہیں اور مہک دار خوشبوئیں بسے پھول کھلتے ہیں اس کی باتیں کریں گے۔

اگر ہم میں اتنی صلاحیت ہو کہ قنوطیت، یاسیت یا دل کے غبار کو چھپا کر زندگی کے روشن پہلو دیکھ سکیں تو یقیناً ہمیں اپنے اطراف خوشیوں کی لہریں ٹھاٹھیں مارتی نظر آئیں گی۔

موسم چاہے گرمی کا ہو یا سردی کا یا بارش کا بستر سے صبح ہی تازہ دم اٹھتے

ہیں ۔ ضروریات سے فارغ ہو کر ناشتہ کا انتظار ہوتا ہے ۔ اس انتظار میں اخبار چاٹ جاتے ہیں ۔ خبریں کچھ اچھی لگتی ہیں، کچھ بوریت پیدا کرتی ہیں ۔ چونکہ نئی زمانہ ایمرجنسی کے تحت مزاج میں ضبط و تنظیم اور وقت کی پابندی کا احساس اُجاگر ہو چلا ہے ۔ دفتر چاہے سرکاری ہو کہ نیم سرکاری، کارخانہ ہو کہ کوئی اور کام کاج کی جگہ ہر شخص وقت پر پہنچنا چاہتا ہے اور کام میں جُت جانا چاہتا ہے، ایسے میں اگر ناشتہ دیر سے لگنے کا امکان ہو تو بیوی سے صرف یہ کہنا کافی ہوتا ہے "کوئی بات نہیں اگر ناشتہ جلدی نہیں تیار ہو سکتا تو ہم دفتر میں اپنی سکریٹری سے کہہ کر منگوا لیتے ہیں ۔ اس کو پتہ ہے کہ ہم کس قسم کا ناشتہ پسند کرتے ہیں؟ یہ جملہ منہ سے نکلا نہیں کہ سمجھئے ناشتہ میز پر رکھا ہوگا ۔ کون بیوی اس کو برداشت کرے گی کہ اس کا شوہر ناشتہ کے لئے بھی اپنی سکریٹری کا دستِ نگر ہو ۔ ہاں یہ بات اور ہے کہ ایک کافی اہم اور اعلیٰ عہدہ دار نے اپنی بیوی ہی کو اپنا سکریٹری بنا کر رکھا تھا کہ وہ بھی لائق فائق اور ہر طرح سے ان کے کام میں ہاتھ بٹانے کی اہلیت و صلاحیت رکھتی تھی ۔ اس بات پہ ان کو فخر بھی تھا اور بڑی شان سے اپنے ملنے جلنے والوں کو یہ دونوں باتیں بڑے اہتمام سے بتایا کرتے اور جتاتے کہ ان کی کامیابی کا راز ان کی شریکِ حیات ہے ۔ ایک بار یہ کسی محفل میں کچھ دیر سے پہنچے اور حسبِ عادت اپنی بیوی کا بھی تعارف کرانے کی نیت سے بولے "حضرات! یہ میری سکریٹری ہیں اور میری بیوی کی حیثیت سے بھی کام کرتی ہیں ۔" زبان کی لغزش نے قہقہہ زار کھڑا کئے ۔ آج تک اس کی یاد سے لوگ لطف اندوز ہوتے ہیں ۔

کہتے ہیں کہ ایک بڑے عہدہ دار کی بیگم لنچ کے وقت ان کے دفتر اچانک پہنچ گئیں ۔ اور یہ نہیں بتایا کہ وہ صاحب کی بیگم ہیں ۔ دفتر کے نئے نوکر نے انھیں بتایا کہ صاحب تو اپنی بیوی کے ساتھ لنچ کو گئے ہوئے ہیں ۔ بیوی نے حیرانی سے کہا "تب تو

صاحب کی واپسی پر انھیں بتا دینا کہ ان کی سکریٹری آئی تھیں"۔

کہاوت ہے کہ بیوی بیوی ہوتی ہے اور سکریٹری سکریٹری۔

لیجئے وقت پر دفتر پہنچ کر اپنی حاضری ٹھیک کر لیجئے۔ پھر جی چاہے تو پہلے کی طرح اِدھر اُدھر گشت کرنے نکل جائیے لیکن ذرا سوچ سمجھ کر۔ اب پہلے جیسا موڈ نہ آپ کے ساتھیوں کا ہے اور نہ افسرانِ بالادست کا۔ ایمرجنسی نے سب کے مزاج سدھار دیئے ہیں۔ پہلے جیسا نہیں کہ جب جی میں آئے دفتر پہنچے، دیر سویر کی کوئی پوچھ تاچھ نہیں کہ سب ہی اس کے عادی بلکہ کہنہ مریض ہوا کرتے تھے۔ ہاں بے شک اب بھی آپ جی چاہے تو سینہ پُھلا کر اُونچی آواز میں کہہ سکتے ہیں کہ مجھے کسی کی پرواہ نہیں میں تو دفتر جب چاہے جا سکتا ہوں لیکن صبح دس بجے سے پہلے اور دفتر سے گھر اپنی مرضی کے مطابق کبھی بھی مگر ۵ بجے کے بعد۔ ہر شخص اس کوشش میں ہے کہ اپنے مفوضہ فرائض بہ حُسن وخوبی انجام دے اور وقت پر اپنی ذمہ داریوں سے عہدہ برآ ہو۔ پہلے جیسا نہیں کہ کسی دفتر میں تنقیح کے دوران یہ معلوم کرنے کے لئے کہ جملہ کتنے آدمی مامور ہیں یہ سوال کیا گیا " اس دفتر میں کتنے آدمی کام کرتے ہیں؟ اس کا جواب تھا بڑا سیدھا سادا " سو میں صرف دس آدمی کام کرتے ہیں"۔ یعنی تن آسانی تساہل اور کاہلی اس قدر تھی کہ بہ مشکل دس فیصد آدمی کام کیا کرتے تھے۔ اب تو لگتا ہے صد فی صد آدمی کام میں جُتے ہوئے ہیں۔ پچھلے دَور کی بات ہے کہ جو کبھی کسی سے یہ پوچھا جاتا " آپ کب سے کام کر رہے ہیں؟" تو اس کا جواب ان حالات میں تو یہ ہوتا تھا " جب سے کام نہ کرنے کی علّت میں برخواست کر دیئے جانے کی دھمکی دی گئی ہے"۔ گویا کہ معمولی حالات میں کام پر نہ لگے رہنا بڑی قابلیت کی دلیل ہوا کرتی تھی شکر ہے کہ اس ایمرجنسی نے یہ احساس تو دلایا کہ ہم کو اپنے فرائض منصبی بہ احسن الوجوہ انجام دینا ہے اور اسی میں ہماری اپنی بقا ہے۔ ہمارے دیس کی ترقی اور بہتری۔

اور یہ تو کوئی ڈھکی چھپی بات نہیں کہ ہماری ایکتا اور قومی یکجہتی کا احساس غیر معمولی حالات اور نامساعد ماحول میں اُجاگر ہوتا ہے۔ جب کبھی خارجی اور بیرونی اثرات کی وجہ سے ہمارے دیس میں ایمرجنسی کے اعلان کی ضرورت پیدا ہوئی۔ ساری قوم جاگ اُٹھی! سب ہی کا جذبۂ حبّ الوطنی بھڑک اُٹھا اور سب ہی ایک صف میں کمربستہ جاں باز سپاہی کی طرح تیار ہو گئے۔ اس پر بھی مخالف سماج عناصر نے سر اُٹھایا تو ایمرجنسی کے اعلان کی لامحالہ ضرورت پڑی اور جس سُست رفتاری سے ہم چل رہے تھے اس کو تیز گام کرنے میں یہ حربہ ممد و معاون ثابت ہوا۔ ساتھ ساتھ فاشسٹ ذہنیت اور تخریبی و رجعت پسند محرکات کو کچل ڈالا گیا۔ ایک بار کمر کس لینے اور خاص رفتار پر چل نکلنے کے بعد کسی قسم کا تساہل برداشت نہیں ہو سکتا اور نہ ہی کسی کی ہمت ہو سکتی ہے کہ وہ اپنی کمزوری سے ساری قوم کو کمزور کر ڈالے۔ ایک وہ وقت بھی تھا کہ دفاتر میں لال فیتہ ہر طرف نظر آتا تھا۔ فائلس دبی پڑی رہتی تھیں بلکہ انگریزی میں تو محاورہ ہی بن گیا کہ فائلوں پر لوگ سوتے ہیں۔ نہ معلوم وہ نیند کیسی ہوتی تھی۔ خطرناک اور ڈراؤنے خوابوں سے بھرپور یا میٹھی نیند۔ خیر جو بھی ہو اس کی تعبیر تو ہمیشہ بھیانک ہوتی رہی ہے۔ اسی لئے تو یہ واقعہ کافی مشہور ہے کہ کسی دفتر میں جب رات گئے تک کانفرنس ختم نہ ہو پائی اور یہ طے ہوا کہ دوسرے دن صبح پھر اس کو جاری رکھا جائے تو کچھ افسروں نے اس کی اجازت چاہی کہ رات انھیں دفتر میں سونے دیا جائے کہ ان کے گھر دُور تھے اور کچھ لوگ جو باہر سے آئے تھے انھیں چونکہ اس رات اپنے مستقر واپس جانا تھا انھوں نے رات کے قیام کا کہیں انتظام نہیں کیا تھا، حاکم مقتدر نے بڑے شد و مد سے انکار کیا اور یہ صریحی بات بتائی کہ وہ اس کی ہرگز اجازت نہیں دیں گے کہ رات کو بھی دفتر میں سویا جائے۔ ان کے ذہن میں یہ بات تھی کہ بالعموم لوگ اوقاتِ دفتر میں سوتے ہیں اور اس عادت کو بہرصورت

توڑنا ضروری ہے۔ یہی بات اس وقت سمجھ میں آئی جب ہمارے ایک دوست سخت بیمار پڑے اور بیماری میں انھیں دفتر سے چھٹی لینی پڑی۔ اب ان چھٹیوں کے دنوں میں آرام تو کر ہی رہے تھے مگر ان کی آنکھوں سے نیند غائب ہوگئی۔ یہ لاکھ جتن کرتے، سر میں بادام کے تیل سے مالش کرواتے، سارے گھر کو خاموش رہنے کی تاکید ہوتی پھر بھی یہ نیند کی نعمت سے محروم رہے۔ ہمیں جب ان کی اس مصیبت کا پتہ چلا تو ہم نے مزاج پرسی کے وقت ان سے کچھ باتیں ان کی دفتری مصروفیات اور دفتر کے ماحول کی پوچھ لیں۔ پھر ان سے کہا "لو ہم تمہیں ایسی ترکیب بتاتے ہیں کہ منٹوں میں نیند آجائے گی۔" ہم نے ان کی خوابگاہ میں دفتر جیسی ایک میز لگوائی۔ اس کو اس طرح سجایا جیسے ان کے آفس رُوم کا میز تھا۔ اس پر دوات، قلم، ربر، پنسل، پن، لانگ ٹیبل، کیلنڈر سب کچھ رکھوادیا۔ پھر فالتو فائلیں اِدھر اُدھر سے جمع کیں۔ کسی پر "اہم" کسی پر "بے حد اہم" دو چار پر "راز" اور کسی کسی پہ "آج" اور "ابھی" کے لیبل لگائے۔ دو چار چائے کی پیالیاں اور ایش ٹرے جن میں ادھ جلے سگریٹ اور گندا پانی۔ غرض اس طرح ان کا میز بالکل دفتر جیسا بنادیا اور پھر ان سے کہا اب آپ اس پر براجمان ہوں اور کچھ دفتر کی بھولی بسری باتوں کی یاد تازہ کرتے جائیں۔ جیسے انھوں نے اپنا میز سنبھالا اور کچھ دیر کاغذات اُلٹ پلٹ کئے، کبھی یہ فائل اُٹھائی کبھی وہ فائل۔ کچھ فائلیں نیچے رکھیں کچھ جہاں کی وہیں رہنے دیں۔ اس انتظام کا نتیجہ کیا ہوا بتائیں آپ کو؟ کچھ ہی دیر میں یہ جماہیاں لینے لگے۔ کچھ ذرا پڑھنے لگے تو محسوس کیا کہ آنکھیں بوجھل ہوکر بند ہو رہی ہیں۔ ہم نے ان کو اس حال میں چھوڑا۔ بعد میں ہم نے دریافت کیا تو معلوم ہوا کہ ہمارا خیال صدفی صد صحیح تھا۔ صاحب موصوف اس ماحول میں کچھ ہی دیر بعد سوتے ہوئے نظر آئے۔ وہ بھی خرّاٹوں والی گہری نیند۔ انھوں نے کئی دنوں کی نیند اس طرح بہ آسانی واپس حاصل کرلی۔ یہ نتیجہ تھا پرانی عادتوں کا،

لیکن اب یہ ناممکن لگتا ہے کہ کسی کا دماغ اس طرف جائے کہ دفتر میں سویا بھی جاسکتا ہے۔ آخر ایمرجنسی کا احساس تو دیگر سارے احساسات سے زیادہ گہرا ہے اور ہمیں یقین ہے کہ یہ ضبط و تنظیم یقیناً دیرپا ہوگی بلکہ مستقل ہوگی۔

یہ بھی ایک امرِ مسلمہ ہے کہ قومی یکجہتی اور ایکتا کے احساسات ایسے ہی وقت زیادہ شدّت سے پیدا ہوتے ہیں۔ جب کبھی اپنے دیس پر کوئی آفت یا بپتا پڑی ہے سب ہی ایک جذبہ کے ساتھ ایک ہوکر کٹھنائیوں کا ہر طرح مقابلہ کرنے کے لئے ڈٹ گئے ہیں۔ اس طرح خارجی ایمرجنسی کے تحت ہم آپس میں بیحد قریب ہوگئے۔ کسی مذہب یا کسی ذات پات کا بندھن رہا نہ زبان کا تفرقہ۔ نہ یہ خیال کہ ہم فلاں دیش پردیش یا پرانت اور صوبہ کے ہیں نہ کبھی یہ دھیان کہ معاشی یا سماجی اعتبار سے کوئی اُونچ نیچ یا کمی زیادتی کا شکار ہیں۔ خارجی ایمرجنسی پر ہم نے اپنی ایکتا کے ذریعہ بڑی عمدگی اور خوبی سے قابو پالیا اور کامیاب و کامران رہے لیکن داخلی ایمرجنسی کے لئے کچھ زیادہ ہی محنت و مشقّت ضروری پائی گئی۔ اس لئے کہ باہر کا دشمن تو نظروں میں آتا ہی ہے جبکہ گھر کا بھیدی اور گھر کو اُجاڑنے والا عدو بہ آسانی نظر نہیں آتا اور اس کو کھوج کھوج کر ملیامیٹ کرنا پڑتا ہے۔ اس لئے اس بار ہم کو جاں نثاری اور قربانی کے جذبات کے تحت بڑھ چڑھ کر کام کرنا ہے۔

جب ہم نے اس مرض کی تشخیص کرہی لی جو ساری قوم کو گھُلا گھُلا کر خاتمہ کی طرف لے جارہا تھا۔ تو اب ہم پر واجب ہے کہ اس کا علاج خاطر خواہ کریں اور دلجمعی کے ساتھ، چاہے ہم پہ کتنی ہی تکالیف اور کٹھنائیاں ٹوٹ پڑیں۔ اب ہم یہ وقت برباد کرسکتے ہیں نہ اپنی توانائیاں غلط راستوں پر گنوا سکتے ہیں۔ ان حالات میں ہم پہ یہ بھی لازم ہے کہ اپنی مزاح کی حِس کو تازہ دم رکھیں اور شئے لطیف کو زنگ آلود نہ ہونے دیں۔ روزمرّہ کی زندگی میں ہونے والے دلچسپ اور پُر لُطف

واقعات پر نظر رکھیں اور ان سے محظوظ ہوں اور اپنے ساتھیوں کو بھی لطف اندوز ہونے دیں اور سب سے بڑی اور اہم بات یہ ہے کہ ہم خود اپنے آپ پر ہنسنا سیکھیں، اپنی کمزوریوں پر کھلے دل سے ہنس پڑیں۔ سنجیدہ حالات میں جب دل و دماغ بوجھل ہوجاتے ہیں تو ہنسنے ہنسانے کی باتیں بالعموم مزہ نہیں دیتی ہیں لیکن یہ بھی ایک حقیقت ہے کہ ؎

خزاں کے دَور میں جو مُسکرا نہیں سکتے
وہ لطف فصلِ بہاراں اُٹھا نہیں سکتے

کسی کی حماقت کی باتوں پر اُلجھ پڑنا یا کسی کی نامعقول باتوں پر ناراض ہوجانا تو بہت آسان ہے لیکن اس کی بات کو ٹال کر اسی میں کوئی ہنسنے ہنسانے کا پہلو نکال لینا بڑا دلچسپ ہوسکتا ہے۔

ایک نو دو لتیئے کے لڑکے کو اپنے باپ کی امارت اور دولت کا اس قدر گھمنڈ تھا کہ وہ بات بات میں اپنے ساتھیوں پر رعب گانٹھنے کے لئے کہتا "تم جانتے نہیں میں کس کا بیٹا ہوں؟" یہ بات سنتے سنتے لوگ اس قدر عاجز آگئے کہ اُلٹ کر یہ پوچھے بنا رہ نہ سکے " وہ تو ہم کیا جانیں، یہ تو بتاؤ کہ تم خود بھی جانتے ہو کہ تم کس کے بیٹے ہو؟" یہ ایک زبردست طمانچہ تھا اس کے مُنہ پر اور اس کی حماقت پر۔ ایسے دَور میں جب ہر شخص یہ صبح صبح لائحہ عمل پر چل رہا ہے اور اپنی ساری توانائیاں اور اپنی ساری صلاحیتیں دیش کی اُنتی پہ صرف کر رہا ہے ہمارا فرض ہے کہ اپنی ہنسنے ہنسانے کی صلاحیتوں سے ہاتھ نہ دھو بیٹھیں۔ ایسے سمے یہ ضروری نہیں کہ مُنہ پھُلا کر غیر ضروری سنجیدگی اختیار کرلیں۔

ہنسنے ہنسانے کی باتیں

ہنسنے ہنسانے کی باتیں تو ہر دم اور ہر جگہ ہوتی ہی رہتی ہیں تاہم کچھ باتیں ہم لوگ نظر انداز کر جاتے ہیں اور کچھ کو ہم اپنے معیار سے ہنسی کے قابل نہ سمجھ کر ٹال جاتے ہیں ۔ کبھی کبھی وہ ہماری سمجھ سے باہر ہوتی ہیں اس لئے کہ ان کے پس منظر سے ہم نا واقف رہتے ہیں ۔ مگر یہ بالکلیہ ہمارے موڈ اور ہمارے مزاج پر منحصر ہوتا ہے کہ کسی نہ کسی بات میں ہنسی کا پہلو ڈھونڈھ نکالیں ۔ بے شک کچھ باتیں ایسی ہوتی ہیں جو کسی کے لئے تکلیف دہ یا ندامت کا باعث ہوتی ہیں تو اوروں کے لئے خندہ آور ۔ کبھی کوئی سفید پوش اکڑا ہوا سا آدمی راستے چلتے سڑک پر پھسل کر گرتا ہے تو دیکھنے والے ضرور ہنسیں گے لیکن اگر گرنے والا سنجیدہ قسم کا، عمر رسیدہ، سیدھا سادہ آدمی ہو تو لوگ اس کو اُٹھانے کے لئے دوڑیں گے، اس سے ہمدردی کریں گے اور اس پر بالکل نہیں ہنسیں گے ۔

ایک ہنسی تو ہم خود اپنے نفس کے لئے یا اپنی اَنا کو بڑھاوا دینے کیلئے

ہنستے ہیں۔ یہ دوسروں کی ہنسی اُڑانے کے لئے ہوتی ہے تاکہ ہم اپنی کھوئی ہوئی خود اعتمادی حاصل کرسکیں اور دوسرے کی گری ہوئی حالت سے اپنے آپ کو اُوپر اُٹھاسکیں۔

بے موقعہ ہنسنا اور بے سمجھے ہنسنا بھی خود اعتمادی کے فقدان کی علامات ہیں کہ جب آدمی اپنی سمجھ بوجھ کی کمی کو چھپاکر دوسروں کے سامنے یہ اعلان کرنا چاہتا ہے کہ وہ تو سب کچھ جانتا بوجھتا ہے۔ ایسے میں وہ منہ پھاڑ کر ہنستا ہے اور قہقہوں سے فضا کو مکدّر کرتا ہے۔ یہ سراسر بدتہذیبی کی علامت ہے۔

دوسری ہنسی وہ ہے جو طنزیہ یا استہزائیہ ہوتی ہے اور جو زہرقند بھی کہلاتی ہے۔ یہ کسی کو زہر دینے سے کم نہیں ہوتی اس لئے کہ زہر کھالینے پر تو آدمی ایک ہی بار ختم ہو جاتا ہے لیکن اس قسم کی ہنسی سے وہ خود تو نہیں مرتا لیکن اس کی خود اعتمادی، اس کی انفرادیت، اس کی ذات اور حس ہی مرجاتے ہیں۔

ایک اور ہنسی جگ ہنسائی ہوتی ہے جس میں سب ہی ایک شخص پر ہنسی کا وار اس طرح کرتے ہیں کہ وہ اپنا منہ چھپاکر راہِ فرار اختیار کرتا ہے یہ چونکہ ایک پورے سماج کا وار ہوتا ہے لہٰذا اس کا شکار بے موت مرجاتا ہے اور پھر اس کی اچھی صلاحیتیں بھی یکلخت فنا ہو جاتی ہیں۔ جگ ہنسائی کے نام سے لوگوں کو اسی طرح ڈرایا جاسکتا ہے جیسے کم عمر لڑکوں کو شیطان یا بھوت پریت سے ڈرایا جاتا ہے۔ جگ ہنسائی، جگ اور جیون دونوں میں مصیبتوں کا طوفان کھڑا کرتی ہے۔ شاعر شکایت کرتا ہے ؎

ہنسے تو مجھ پہ ہنسے اور وہ بھی برسرِ عام
سنا ہے آپ تو ڈرتے ہیں جگ ہنسائی سے

ہنسی کا نہ آنا بھی زندگی کا ایک ایسا موڑ ہے جہاں آدمی تھک کا کر بیٹھ جاتا ہے۔ حضرت غالبؔ فرماتے ہیں ؎

پہلے آتی تھی حالِ دل پہ ہنسی
اب کسی بات پر نہیں آتی

ہنسی کبھی ایک بہترین ہتھیار ہوتی ہے تو کبھی مدافعت اور بچاؤ کے لئے ڈھال کا بھی کام کرتی ہے۔ کسی ناگوار بات کو ہنس کر ٹال دینا بہت ساری زحمتوں اور بہت ساری مصیبتوں سے بچنے کا آسان طریقہ ہوتا ہے۔

اگر یہ کارگر نہ ہو تو کھسیانی ہنسی بن کر رہ جاتی ہے جو صورتِ حال سے بچاتی تو نہیں بلکہ اُلٹا مجبور محض انسان کی مجبوری کا ماتم بپا کر دیتی ہے اس دَور میں ضرورت تو اس بات کی ہے کہ ہر شخص اس شعر پر پوری سنجیدگی سے عمل پیرا ہو ؎

ہر مصیبت کا دیا ایک تبسم سے جواب
اس طرح گردشِ دوراں کو رُلایا میں نے

مصیبت میں رو لینا، آنسو بہا لینا، دوسروں کو بھی شریکِ گریہ کر لینا تو بہت آسان ہے لیکن محفل کو ماتم کدہ بنا دینے کی بجائے خوش مذاقی سے خوشی کا سماں پیدا کرنا بہت ہی شاندار کارنامہ ہے۔

کہاوت ہے کہ ہنسئے تو سارا جگ آپ کے ساتھ ہنستا ہے اور جو روئے تو آپ تنِ تنہا روتے ہیں۔ خوشی بکھیرنا ایک ثوابِ جاریہ ہے اور اس کے لئے ہمیشہ داد و دہش، خیر خیرات ہی ضروری نہیں

بلکہ اپنی فطری خوش مزاجی کو کچھ متعدی سا بنا کر دوسروں کو شریکِ حال کرلینا بنی نوع انسان کی فلاح و بہبود کی ذمہ داری کا سہرا اپنے سر لینا ہے۔ اس کے لئے اپنی خود کی چھٹی حس یعنی مزاح کی حس کو تازہ رکھنا پڑتا ہے کہ ؎

خزاں کے دَور میں جو مُسکرا نہیں سکتے
وہ لطفِ فصلِ بہاراں اُٹھا نہیں سکتے

✤ ✤ ✤

اساتذہ اور ان کا مزاح

کہتے ہیں کہ ہر زبان کا ادب اہلِ زبان کی تہذیب اور اس ملک کے تمدن کا آئینہ دار ہوتا ہے۔ میں سمجھتا ہوں کہ کسی ملک اور قوم کی زبان خود اس بات کی مظہر ہوتی ہے کہ اس کے بولنے والے کس قدر متمدن ہیں، اور ان کی ثقافت کا کیا درجہ ہے۔ اُردو زبان حالانکہ فوجی لشکروں میں پلی اور بڑھی لیکن اس کو اعلیٰ سوسائٹی نے ہاتھوں ہاتھ لیا جس کی وجہ سے اس میں طرزِ تخاطب، آدابِ تکلم، دوسروں کو زیادہ سے زیادہ عزت، خود کے تعلق سے خاکساری اور انکساری جیسی خصوصیات پیدا ہوگئیں۔ اس طرح اس زبان میں مزاح نے بھی ایک خاص رنگ اختیار کیا جو ہمیشہ خود بر داشتہ رہا۔

دوسروں پہ ہنسنا، ان کی کمزوریوں کا مذاق اُڑانا، فقرے کسنا، پھبتی اُڑانا، ٹھٹھا، مخول، کسی کو گرتے دیکھ کر اس پہ ہنس پڑنا، کسی کے جسمانی

نقص یا عیب پر طعنہ زنی سب سے گھٹیا مذاق ہے۔ اس سے ہنسنے والے یا اس کا ساتھ دینے والے کچھ دیر تو مزہ اُٹھا لیتے ہیں لیکن جو ہدفِ ملامت بنتا ہے، جس کی سُبکی ہوتی ہے اس کے لئے تو یہ سخت آزار کا باعث ہوتا ہے۔ خود ہنسنے والے بھی کچھ زیادہ دیر تک اس سے لطف و انبساط نہیں حاصل کر پاتے۔

تفنن، لعن طعن، طنز و کنایہ، تعلّی، کسی کی پگڑی اُچھالنا، کسی کو نشانہ مذاق بنانا، کسی کی کھلّی اُڑانا، اچھے ذوق یا ادب و تہذیب کے معمولی معیار پر بھی نہیں اُترتے۔

سب سے اچھا مزاح وہ ہے جو کوئی خود اپنے آپ کو چھیڑ کر، یا اپنے آپ پر طنز کے وار چلا کر دوسروں کو ہنسی کا موقع عطا کرے۔ اپنی کمزوری کو آشکارا کرنا اپنی حماقت یا غلطی دوسروں کو بتا کر یا سُنا کر ہنسانا بڑے دل گردہ والوں کا حق ہے جس کے لئے خود اعتمادی بھی لازمی ہے۔ اگر یہ صلاحیت کسی میں ہو تو اس سے بڑا آدمی کوئی نہیں ہو سکتا۔ رابندر ناتھ ٹیگور نے کہا ہے:

"میں جب خود پر ہنستا ہوں تو دل کا بوجھ ہلکا ہوتا ہے۔"

اسی طرح گاندھی جی بھی اپنی کمزوریوں پر ہمیشہ ہنستے تھے اور دوسروں کو ہنساتے تھے۔ ان کا کہنا تھا کہ:

"اگر مجھ میں مزاح کا شعور یا لطافت و ظرافت کی حِس نہ ہوتی تو میں دنیا بھر کے مخالفین کا مقابلہ کرتے کرتے از کار رفتہ ہو جاتا۔ میں تو ان سب کے ساتھ نہایت خندہ پیشانی سے ہنس سکتا ہوں جو مجھ پر ہنستے ہیں۔ میری یہی

صلاحیت تو مجھے زندہ رکھے ہوئے ہے"

یہی بات بعض ہندوستان کے دانشور، شعرار اور ادیبوں میں بدرجۂ اتم ملتی ہے۔ بالخصوص اُردو کے اُستاد شعرار نے ہمیشہ اپنے جوہر خود برداشتہ ظرافت میں دکھائے ہیں۔ مسلمانوں نے واعظ، محتسب، زاہد، ناصح، شیخ، پارسا اور صوفی کو ہدفِ طنز و استہزار بنایا۔ باوجود اس کے کہ مسلم معاشرہ ہیں ان کا بڑا اونچا مقام ہے۔ اور بالعموم اس قسم کی گستاخیاں روا نہیں گردانی جاتی ہیں۔

ان شخصیتوں سے ہٹ کر خود اپنی مقدس عبادت گاہوں کے تعلق سے بھی گلفشانی کی ہے جیسے کعبہ، دیر، حرم، مسجد حتیٰ کہ رضوان، فرشتے مسیحا بھی ان کے وار سے نہ بچ سکے۔ مسلمانوں نے کبھی کسی اور مذہب کی یا اس کے پیرو کی ذرہ برابر بھی دل شکنی نہیں کی بلکہ لَکُمْ دِیْنُکُمْ وَلِیَ دِیْنِ" یعنی صاف و صریح حکمِ الٰہی ہے کہ ہر شخص کا مذہب اس کی ذات سے ہے اور اس پر سختی سے عمل پیرا رہے۔

اس قسم کے طنز و مزاح میں حضرت غالبؔ کا مرتبہ سب سے ارفع و اعلیٰ ہے۔ انھوں نے اپنے گناہوں پر نگرانی رکھنے والے فرشتوں پر کس خوبی سے چوٹ کی ہے ؎

پکڑے جاتے ہیں فرشتوں کے لکھے پر ناحق
آدمی کوئی ہمارا دمِ تحریر بھی تھا

غالبؔ اپنے گناہوں کا اعتراف کرتے ہوئے بھی کبھی جھجکے اور نہ اپنے عاصی اور گناہ گار ہونے کی پردہ پوشی کی۔ یہی نہیں بلکہ اپنے گناہ گار ہونے کا برملا اظہار کیا ہے ؎

کعبہ کس منہ سے جاؤ گے غالبؔ
شرم تم کو مگر نہیں آتی

ہر مسلمان کی عبادت حصولِ جنت کے لئے ہوتی ہے لیکن حضرتِ غالبؔ نے اس کا بھی تمسخر اڑایا ہے ؎

ہم کو معلوم ہے جنت کی حقیقت لیکن
دل کے بہلانے کو غالبؔ یہ خیال اچھا ہے

اور اسی جنت کو ایک ہی شعر کے توسط سے کس طرح سبجے دلوں سے اتارتے ہیں ملاحظہ فرمائیے ؎

جس میں لاکھوں برس کی حوریں ہوں
ایسی جنت کو کیا کرے کوئی

واعظ کی ہستی قابلِ احترام اور اس کا درجہ مفتخر و اعلیٰ ہوتا ہے، لیکن سب ہی اساتذہ نے واعظ بے چارہ پر بھی ستم آزمائی کی ہے۔ حضرتِ غالبؔ فرماتے ہیں ؎

کہاں مے خانہ کا دروازہ غالبؔ اور کہاں واعظ
پر اتنا جانتے ہیں، کل وہ جاتا تھا کہ ہم نکلے

ایک اور جگہ ارشاد فرماتے ہیں ؎

جا پڑی بنتِ عنب پر جو نظر واعظ کی
رال داڑھی پر گری، منہ میں پانی بھر آیا

استادِ زمانہ مومنؔ بھی واعظ کی خوب مٹی پلید کرتے ہیں ؎

واعظ کی بزمِ وعظ میں کیا بھیڑ بھاڑ تھی
اتنے میں رند آئے تو میدان صاف تھا

واعظ کے تعلق سے ریاضؔ فرماتے ہیں ؎

کم بخت نے شراب کا ذکر اس قدر کیا
واعظ کے منہ سے آنے لگی بُو شراب کی

ریاضؔ نے جنّت میں ملنے والی پاک وصاف شراب اور واعظ دونوں ہی کو ملیامیٹ کر دیا ؎

واعظ نہ خود پیو نہ کسی کو پلا سکو
کیا بات ہے تمہارے شراب طہور کی

حضرت اکبرؔ الہ آبادی واعظ و عاشق کا فرق کس قدر نازک خیالی سے بتاتے ہیں ؎

فرق کیا واعظ و عاشق میں بتائیں تم سے
اُس کی حجّت میں کٹی اِس کی محبّت میں کٹی

زاہد وہ شخص ہے جو ہمیشہ عبادت ونیکو کاری میں مصروف رہتا ہے۔ اس لئے وہ بطورِ خود بڑا خشک مزاج ہوتا ہے اور اپنے زہد وتقویٰ کے زعم میں دوسروں کو ہیچ سمجھتا ہے۔ واعظ بذاتِ خود چاہے کچھ ہو لوگوں کو موقع بے موقع وعظ اور لیکچر سے پریشان کرتا ہے۔ یہ پیشہ ور ہوتا ہے اور اپنی روزی بھی اسی سے کماتا ہے۔ اس کے سوا محتسب وہ شخصیت ہے جو نہ پابند صوم وصلوٰۃ ہے نہ اپنے نمازی اور روزہ دار ہونے کا اعلان کرتا ہے بلکہ یہ ایک خلائی فوجدار ہوتا ہے جو از خود ہر ایک کی خامیوں پر نظر رکھتا ہے اور ان کو بُرائیوں سے روکنے پر تُل جاتا ہے۔ اس سے ہر ایک بیزار رہتا ہے۔ اس بیزارگی کے عالم میں جگرؔ مراد آبادی فرماتے ہیں ؎

اے محتسب نہ پھینک، میرے محتسب نہ پھینک
ظالم شراب ہے ارے ظالم شراب ہے

اسی خیال کو حضرتِ داغ نے اپنے خاص رنگ میں اس طرح پر بیان کیا ہے:

محتسب توڑ کے شیشہ نہ بہا مفت شراب
ارے کم بخت چھڑک دے اسے مے خواروں پر

فیض صاحب محتسب کو بُرا بھلا نہیں کہتے مگر اس کو کچھ ایسے انداز میں یاد فرماتے ہیں کہ اس کی شخصیت برباد ہو جاتی ہے ؎

محتسب کی خیر اُونچا ہے اس کے فیض سے
رند کا ساقی کا مے کا خم کا پیمانے کا نام

اسلام نے شراب کو حرام قرار دیا ہے اور اپنی پاک بازی کے گھمنڈ میں زاہد ہر دم یہی اعلان کرتا ہے کہ وہ شراب خوری سے بہت دُور رہے۔ زاہد کو مخاطب کر کے مے خواری کے جواز کو کس قدر دلچسپ انداز میں بتایا ہے ؎

زاہد شراب پینے دے مسجد میں بیٹھ کر
یا وہ جگہ بتا دے جہاں پر خُدا نہ ہو

زاہد کو اپنے تقدس پر بڑا ناز ہے لیکن تقدس کا حضرت داغ نے کس خوبی سے سیدھے سادے لفظوں میں مذاق اُڑایا ہے ؎

لطف مے تجھ سے کیا کہوں زاہد
ہائے کم بخت تو نے پی ہی نہیں،

واعظ، زاہد، محتسب کے ساتھ حضرتِ شیخ بھی کانٹوں میں گھسیٹے جاتے ہیں اور وہ بھی اس لطیف انداز میں کہ شاید وہ اپنا منہ چھپانے میں ہی اپنی خیر سمجھیں۔ حضرت دردؔ فرماتے ہیں ؎

تر دامنی پہ شیخ ہماری نہ جائیے
دامن نچوڑ دیں تو فرشتے وضو کریں

امیر مینائی اپنی صفائی میں کیا خوب حجت پیش کرتے ہیں ؎

گر یار مئے پلائے تو پھر کیوں نہ پیجیے
زاہد نہیں، میں شیخ نہیں، کچھ ولی نہیں

عرش ملسیانی نے تو شیخ کا جینا بھی حرام کر دیا اور اس کی زندگی عبادت اور پارسائی کو چور چور کر دیا ؎

بس اسی دھن میں رہا کہ ملے گی جنت
تجھ کو اے شیخ نہ جینے کا قرینہ آیا

شیخ جی اپنی زندگی تو بے رنگ و بو گزارتے ہی ہیں لیکن دوسروں کو بھی تنگ کرتے ہیں۔ چنانچہ شیخ جی سے اُکتا کر بھاگنے کی انتہا ہے کہ ان سے چھٹکارا پانے کے لئے فیضؔ کو دوزخ بھی قبول ہے ؎

خیر دوزخ میں مئے ملے نہ ملے
شیخ صاحب سے جان تو چھوٹے گی

اکبر الہ آبادی نے اپنے زہر قند سے شیخ کا کردار خوب واضح کیا ہے ؎

خلاف شرع کبھی شیخ تھوکتا بھی نہیں
مگر اندھیرے اُجالے میں چوکتا بھی نہیں

لاکھ عبادت گزار زاہد شب بیدار ہو، پر ایسا بہت کم ہوتا ہے کہ مسلمان پارسائی کا دعویٰ کر سکے البتہ رندی تو عام ہے۔ نیکی اور بدی کا مقابلہ جلالؔ نے کس لطیف پیرایہ میں کیا ہے ؎

شب کو مئے خوب سی پی، صبح کو توبہ کرلی
رند کے رند رہے ہاتھ سے جنّت نہ گئی

ہر مذہب کے نکتۂ نظر سے توبہ و استغفار کے ساتھ اگر کوئی راہِ راست اختیار کرے تو اس کی بدی دھل جاتی ہے۔ چنانچہ مسلمان بھی اسی عقیدے کا قائل ہے کہ تائب ہو کر وہ صحیح معنوں میں جنّت کا حقدار اور دعویدار ہو سکتا ہے۔ لیکن مومنؔ اپنے آپ کو یاد دلاتے ہیں ؎

عمر ساری تو کٹی عشقِ بتاں میں مومنؔ
آخری وقت میں کیا خاک مسلماں ہوں گے

اسی کیفیت کو سکندر جہاں بیگم ضیاءؔ نے اس طرح پیش کیا ہے ؎

جی میں تو فکرِ بتاں اور لب پہ ہے ذکرِ خدا
اے دلِ بے تاب تجھ سے پارسائی ہو چکی

امیرؔ مینائی عالمِ سکر و نشاط کو اپنی بدمستی سے اس طرح منسوب کرتے ہیں ؎

مسجد میں بلائے ہیں ہمیں زاہدِ نافہم
ہوتا جو ہمیں ہوش تو مے خانہ نہ جاتے؟

خواجہ حیدر علی آتشؔ کا پیام ملاحظہ فرمائیے ؎

فصلِ بہار آئی، پیو صوفیو شراب
بس ہو چکی نماز مصلّے اٹھائیے

اکبرؔ الٰہ آبادی کا مشاہدہ کچھ اور ہی ہے ؎

زمانہ کہہ رہا ہے سب سے پھر جا
نہ مندر جا نہ مسجد جا نہ گرجا

علامہ اقبالؔ نے بھی طنز کے میدان میں قدم رکھا تو اللہ تعالیٰ سے جھگڑا

کھڑا کیا اور ان سے نہایت ادب کے ساتھ شکوہ و شکایات کا دفتر کھول دیا۔

جرأت آموز مری تابِ سخن ہے مجھ کو
شکوہ اللہ سے خاکم بدہن ہے مجھ کو

اور پھر اپنی عبدیت، خدا پروری، اور جاں نثاری کا قصیدہ سُنا کر اللہ سے سوال کرتے ہیں ؂

پھر بھی ہم سے یہ گلہ ہے کہ وفادار نہیں
ہم وفادار نہیں، تو بھی تو دِل دار نہیں

ہم تو جیتے ہیں کہ دنیا میں ترا نام رہے
کہیں ممکن ہے کہ ساقی نہ رہے جام رہے

کبھی ہم سے، کبھی غیروں سے شناسائی ہے
بات کہنے کی نہیں، تو بھی تو ہرجائی ہے

علامہ اقبال نے جب شکوہ کی صورت میں اپنے دل کی بھڑاس نکال لی تو خود ہی بول اُٹھے ؂

دل سے جو بات نکلتی ہے اثر رکھتی ہے
پر نہیں طاقتِ پرواز مگر رکھتی ہے

کچھ جو سمجھا مرے شکوے کو تو رضواں سمجھا
مجھے جنّت سے نکالا ہوا انساں سمجھا

اس طرح یہ بندۂ خاکی خدا سے رشتہ جوڑ لیتا ہے۔

ہر انسان کے دل میں خدا کا تصور نہ صرف عظمت و تقدس کا مظہر ہے بلکہ اس کی ذات سے کبریائی، جبروت اور قدرت مطلق سب کچھ وابستہ ہیں۔ چنانچہ حضرت امجد فرماتے ہیں ؎

گمراہ ہوئے تو راہ نما یاد آیا
جب آ گئی پیری تو عصا یاد آیا
فرعون بھی وقتِ مرگ لایا ایماں
جب چل نہ سکی خودی خدا یاد آیا

خدائی کی بندگی سے ٹکر ملاحظہ فرمائیے ؎

خدائی اہتمام خشک و تر ہے | خداوند خدائی دردِ سر ہے
ولیکن بندگی استغفر اللہ | یہ دردِ سر نہیں دردِ جگر ہے

اسی طرح یہ جذبہ بھی ملاحظہ فرمائیے ؎

یہ وقت ہے مجھ پہ بندگی کا کہو جسے سجدہ کروں ورنہ
ازل سے تا عہد آفرینش میں آپ اپنا خدا رہا ہوں

خدا کی خدائی مسلم ہے۔ لیکن اردو ادب میں ناخدا کا تصور بھی ہے جو نہایت ہی عجیب و غریب ہے۔ ویسے تو یہ بہت ادنیٰ ہستی ہے جو صرف ایک کشتی کا کھیون ہار ہوتا ہے۔ مگر چونکہ کھلے سمندر میں وہی کشتی کا واحد مالک و مختار ہوتا ہے۔ اور اسی کی ذات سے کشتی میں بیٹھنے والوں کی زندگی منسلک ہوتی ہے اس لئے اس کو اس نام سے یاد کیا جاتا ہے لیکن انجم جے پوری نے اس کو اپنے مقام پر رکھا ہے ؎

طوفانِ غم ہوں لاکھ سفینے کو ڈر نہیں
انجم میرا خدا بھی تو ہے ناخدا کے بعد

اسی خیال کو ایک اور شاعر نے اس طرح پیش کیا ہے ؎

کشتیاں سب کی کنارے پہ پہنچ جاتی ہیں
ناخدا جن کا نہ ہو، ان کا خدا ہوتا ہے

حفیظ جالندھری نے ناخدا کے ظلم و جور کو بڑے حسین انداز میں قلم زد کیا ہے ؎

آنے والے کسی طوفان کا رونا رو کر
ناخدا نے مجھے ساحل پہ ڈبونا چاہا

حضرت غالبؔ نے جہاں ہزاروں موضوعات پر قلم اُٹھایا ہے وہیں ناخدا کی زیادتیوں کی طرف اشارہ کرتے ہوئے صبر کی تلقین کی ہے ؎

سفینہ جب کہ کنارے پہ آ لگا غالبؔ
خدا سے کیا ستم و جور ناخدا کہیے

احمد ندیم قاسمی خدا کو کس لطیف پیرایہ میں یاد کرتے ہیں ؎

راستے پار اترنے کی ابھی بند نہیں
ناخدا تو میری کشتی کا خداوند نہیں

یہ کچھ مثالیں ہیں جن سے پتہ چلتا ہے کہ اُردو شاعری میں کس طرح طنز و مزاح کے وار خود اپنے آپ پر کئے جاتے ہیں اور کس لطیف پیرایہ میں۔

ظریفانہ انداز میں آج کل کی تہذیب پر کیسی کڑی چوٹ ہے ؎

شیخ صاحب بھی تو پردے کے کوئی حامی نہیں
مفت میں کالج کے لڑکے ان سے بدظن ہو گئے
وعظ میں فرما دیا کل آپ نے صاف صاف
پردہ آخر کس سے ہو جب مرد ہی زن ہو گئے

ایک اور جگہ انسانی کمزوری کو کس انداز میں بتایا ہے ملاحظہ فرمائیے ؎

مسجد تو بنا دی شب بھر میں ایماں کی حرارت والوں نے
من اپنا پرانا پاپی تھا برسوں میں نمازی بن نہ سکا

اساتذہ کے کلام سے یہ صاف ظاہر ہے کہ انھوں نے کبھی کسی اور کے اختلافات کو دیکھا اور نہ کسی کو مخالف سمجھ کر اس سے مخول کیا بلکہ ان سب نے طنز و استہزار کے وار اپنے ہی گروہ اور اپنے ہی عقیدوں کے مقلدین و متقدین جیسے زاہد، واعظ، محتسب، شیخ اور صوفی پر کئے ہیں۔ خود کو رند و ریاکار گردانا جنت، حور، شرابِ طہور، فرشتے، رضوان، مسجد، کعبہ وحرم کے تعلق سے بیباک تمسخر اور مخول کیا۔ انتہا یہ ہے کہ ع

مسجد کے زیر سایہ خرابات چاہئے

کی صدا بھی لگا دی۔ اس قسم کا مزاح کسی اور زبان میں نہیں ملتا اور کسی مذہب کے پیروؤں نے کھلم کھلا اپنے تقدس گاہوں یا مقدس چیزوں پر اس طرح بے باکانہ وار نہیں کیا ہے۔

شاعری کے ان نمونوں سے ہٹ کر دیکھئے تو نثر میں بھی اساتذہ نے مزاح کا رنگ اور ہی اپنایا ہے۔ خود مرزا غالب نے اپنے خطوط میں بڑی چابک دستی سے گل افشانی کی ہے۔ دیگر اساتذہ میں میر امن کی داستان "باغ و بہار"، رجب علی بیگ، سرور کے "فسانہ عجائب" داستان امیر حمزہ کی "بوستانِ خیال" ایسی تخلیقات ہیں جن میں فریبی اور عیار لوگوں کی چالاکیوں کی پُر مزاح انداز میں دھجیاں اُڑائی گئی ہیں۔ اسی طرح مہجور کی کتاب "نجف دتن" میں ظرافت کا نچوڑ پیش کیا گیا ہے۔ شہباز نے مذہب و ملت کے نام پر کی جانے والی برائیوں کو ہدفِ طنز بنایا ہے۔ ہندوستانی تہذیب وثقافت نے کبھی یہ گوارا نہ کیا کہ آپس میں ایک دوسرے پر کیچڑ اچھالا جائے یا کسی کی

شخصیت کو کم تر بنایا جائے۔ جب کبھی ظرافت کی رگ پھڑکتی ہے ہمارے ادیب کوئی کردار کھڑا کر دیتے ہیں۔ اس کی بوکھلاہٹ، اس کی ڈینگیں، اس کی حماقت اور اس کی کم فہمی پہ لوگوں کو ہنسایا جاتا ہے۔ شیخ چلی ایک ایسا زبردست کردار ہے کہ آج بھی ہر ایک مفکر، مدبر، ایڈمنسٹریٹر، رہبر و رہنما کی شخصیت میں اس کی جھلک صاف و صریح نظر آتی ہے۔ یہ بڑے بڑے دعوے کرتا ہے، ہوائی قلعے بناتا ہے، ریت پر محل تعمیر کرتا ہے، خوش فہمی کا شکار رہتا ہے۔ اس کی حکایتوں میں ہر کوئی اپنی خود کی شخصیت کو پنہاں دیکھتا ہے۔ مگر اس سے بھرپور لطف اٹھاتا ہے۔ لال بجھکڑ وہ عقل کا اندھا ہے جو اپنے آپ کو دانا و بینا پبلش کر کے سب کام اوندھے کرتا ہے۔ یہاں بھی ہر آدمی خود کی کمزوریاں ضرور دیکھتا ہے لیکن وہ کسی اور کے روپ میں ہوتی ہیں۔ اس لئے خوش ہوتا ہے کہ وہ اس سے منسوب نہیں۔ تیس مار خاں، پاٹے خاں بھی ایسے ہی کردار ہیں اور وہی کیفیات پیش کرتے ہیں۔

دراصل یہ ایک نیک جذبہ ہے کہ کسی اور کو موردِ لعن طعن بنانے کی بجائے ایک خاص کردار کی تخلیق کی اور اس کو نشانۂ ملامت بنایا مگر لطف و لطافت کے ساتھ۔ اس سے کسی کی دل آزاری نہیں ہوتی۔

پچھلے دور میں سماج جیسی کوئی چیز نہ تھی۔ زندگی دربار، شہنشاہوں اور راجے مہاراجوں کے محلوں کے گرد گھومتی تھی۔ چنانچہ شہنشاہ اکبر کے دربار میں دریائے لطافت بہتا تھا۔ اس کے لئے راجہ بیربل اور ملّا دوپیازہ کے کردار کھڑا کر کے ان کی آپس میں چشمک اور نوک جھونک کرائی جاتی ہے لیکن ان کا وار کسی اور پر نہیں ہوتا بلکہ آپس میں ہی گتھم گتھا دکھائی دیتے ہیں۔ ان سے ہٹ کر ترکی سے ایک کردار درآمد کیا گیا ملّا نصیرالدین کے نام سے۔ ان کو

ترکی بہ ترکی حملہ و مدافعت کرنے پر ملکہ حاصل تھا۔ اس کردار کے ذریعہ بڑا ہی لطیف مزاح پیدا کیا گیا۔ ان سے ہٹ کر پھر ادیبوں نے خاص خاص کرداروں کی تخلیق کی ہے اور اپنی جولانیٔ طبع کا مظاہرہ کیا ہے۔ جیسے امتیاز علی تاج کے چچا چھکن، سرشار کے خوجی، عظیم بیگ چغتائی کی خانم، شوکت تھانوی کے منشی جی و قاضی جی، ایم اسلم کے مرزا جی، منشی سجاد حسین اور دیگر معروف اور غیر معروف ادیبوں کے بھی ایسے بے حساب کردار ہیں جن میں حاجی بغلول، حاجی لق لق، جعفر زٹلی، مرزا بندو قچی، احمق الدین وغیرہ وغیرہ بطورِ خاص ذکر کے قابل ہیں۔ ملّا رموزی نے تحریف نگاری کی تو انھوں نے کلام مجید کے لفظی ترجمہ کا انداز اختیار کرنے کی کوشش کی اور اس کو گلابی اردو کا نام دیا۔ غرضیکہ دوسروں کے سامنے اپنی انفرادی یا اجتماعی کمزوریوں کو رکھنا اور ان پر ہنسنے ہنسانے پر لوگوں کو اکسانا اعلیٰ ظرف کی دلیل ہے اور یہی سب سے اچھا مذاق اور سب سے زیادہ لطیف مزاح ہے۔

جدید دکنی

حضرت امیر خسروؒ کے زمانے سے اُردو کو مختلف نام دیئے جاتے رہے ۔ جیسے ہندی، ہندوی، زبانِ دہلی، گوجری (گجری ۔ گورجری) ہندوستانی اندوستانی، زبانِ ہندوستان، زبانِ اُردوئے معلّٰی، زبان اُردوئے شاہی، زبان اُردو۔ محاورۂ شاہجہاں آباد، ریختہ وغیرہ ۔ حتّٰی کہ غالبؔ اور سرسیّد نے بھی کہیں کہیں اس کو ہندی نام سے پکارا لیکن مصحفی نے اس کو محکم طریق پر اُردو کا نام دیا اور وہی چل پڑا ۔

عہدِ بہمنی کے کسی مصنّف نے مقامی رنگ میں اپنے آپ کو گہرے طریقہ پر رنگ کر اسی زبان کو دکنی کے نام سے یاد کیا[1]۔ اور پھر قطب شاہی اور عادل شاہی ریاستوں میں اس کو سرکاری طور پر قبول کیا گیا ۔ سیّد میراں ہاشمی، ملّا وجہی، ابنِ

---

[1] دریائے نربدا اور کوہ بندیاچل کے جنوب کے سطح مرتفع والے علاقہ کو دکن کہا جاتا ہے ۔

نشاطی، نصرتی وغیرہ نے اس کو معیاری ادب کا درجہ عطا کیا۔ قدیم دکنی چند الفاظ کے استثنار، اور کہیں کہیں تلفظ کے اختلاف کے سوا وہی اُردو ہے جو شمال وجنوب میں رائج تھی لیکن کچھ رنگ و آہنگ، مزاج ومنہاج اور انفرادیت قائم رہی۔ دکنی نہ تو اُردو کی بگڑی ہوئی شکل ہے نہ اُردو دکنی کی۔ دکنی سے ملتی جلتی زبان آج بھی دلی کے نواح اور دیہات میں اور دلی میں مخصوص طبقات جیسے کرخنداروں وغیرہ کی بولی ہے۔

اورنگ زیب نے جب اورنگ آباد کو پایہ تخت بنایا تو جنوب اور شمال ایک ہوگئے اور آپس میں مل جل گئے۔ میں ملاپ بڑھا اور جو زبان شمالی ہند میں صرف بول چال کی حد تک مخصوص تھی وہ شعر و شاعری کی زبان بن گئی ولی کا دکنی کلام جس کو مقامی طور پر کوئی سرپرستی نہ مل سکی، دلی پہنچا اور دلی کی زبان پر اثر انداز ہوا اور جو زبان بہمنی، عادل شاہی اور قطب شاہی عہد میں مستعمل تھی اس کو کل ہند پیمانہ پر عروج ملا۔

اس زمانہ کی شاعری ملاحظہ فرمائیے:

سید میراں ہاشمی (علی عادل شاہ ثانی کے عہد کے نامور شاعر):

سجن آویں تو پردے سے نکل کر بھار بیٹھوں گی
بہانا کر کے موتیاں کا پروتی ہار بیٹھوں گی
ادنویاں آوکییں گے تو کہوں گی کام کرتی ہوں
اٹھلتی ہور مٹھلتی جب گھڑی دو چار بیٹھوں گی

اسی دَور میں اسداللہ وجہی نے ملّا وجہی کے نام سے شہرت پائی — وہ قطب شاہی دَور کے ممتاز شاعر اور ادیب مانے گئے۔

طاقت نہیں دُوری کی اب توبیگی آمل رے پیا
تج بن منجے جینا بھوت ہوتا ہے مشکل رے پیا

دکنی کو اپنے سنہری دَور میں مرہٹی، تلگو اور کنڑی سے سابقہ رہا جن کا اثر اس نے قبول کیا اور اپنے گہرے نقوش ان پر ڈالے۔ چونکہ جس علاقے میں دکنی نے جنم لیا اور نشو و نما پائی وہ مرہٹی بولنے والوں کا وطن تھا اس لئے مرہٹی زبان اور ادب سے دکنی کا بڑا گہرا تعلق رہا اور سنسکرت کے اکثر الفاظ مرہٹی کے توسط سے دکنی میں داخل ہوئے جو اسی صَوتی رُوپ میں آتے ہیں جو مرہٹی میں رائج ہیں۔ خود مرہٹی نے بھی فارسی اور عربی کے اثرات اور الفاظ دکنی سے اور دکنی کے توسط سے قبول کئے۔ چنانچہ ایسے الفاظ کی صوتی شکلیں اور ان کے معنی و مطالب بھی آج تک بعینہٖ قائم ہیں۔ اسی لئے دکنی اور مرہٹی کا باہمی تعلق بہت واضح اور نمایاں ہے اکثر مرہٹی شاعر بھی دکنی زبان میں شاعری کرنے لگے۔ ۱۶۹۸ء اور ۱۷۵۳ء میں امرت رائے مرہٹی کے بڑے مقبول شاعر تھے لیکن بعد میں یہ دکنی کے شاعر کی حیثیت سے بھی بڑے ہر دلعزیز ہوئے۔ چنانچہ دکنی مثنوی "سدام چرتر" بھگوان کرشن کے بچپن کے ساتھی سدام کی زندگی کا خاکہ ہے۔ یہ مثنوی حمد سے شروع ہوتی ہے جو بھگوان کرشن کی تعریف ہے۔

عجب ہے گرو جی توہی کارساج
خلق بیچ میانے دہی کارساج
دہی سے کرم بخش صاحب دھنی
اس کو کئے کل عالم غنی
اسی نے بنایا زمیں آسماں
پَون آب و آتش بنایا مکاں
کدھر دین دُنیا کدھر ہے خُدا
سب پیٹ کی مانگتا ہے گدا

اگر اُس خدا کی کرے بندگی   تو ہر روز قیامت کٹے گندگی

ڈاکٹر ایس آر کلکرنی صدر شعبہ مرہٹی عثمانیہ یونیورسٹی نے اس خصوص میں کافی ریسرچ کیا ہے۔ یہ کچھ مرہٹی کا مزاج تھا جو اس طرح پر دکنی میں یعنی اُردو میں رَچ بس گیا اور اس کو خود اپنے میں بھی سمیٹ سمیٹ کر سمولیا۔ کلاسیکی دکنی نے باوجود تلگو والے علاقہ میں نشو و نما پانے کے اس کا ایک بھی لفظ نہیں اپنایا۔ یہ مرہٹی کی گہرائی اور گیرائی ہے جو اس طرح اثر انداز ہوئی ہے۔ بالخصوص سرکاری نظم و نسق میں جہاں آج تک اُردو ہی چھائی ہوئی ہے جیسے اول کارکن، بندوبست، جمع بندی، تحصیل، تحصیل دار، معاملت دار، چٹ نویس، حضر نویس، آنہ داری۔

دکنی کسی فرقہ اور کسی خاص مذہب والوں کی ایجاد نہیں۔ یہ تو اصل میں ملے جُلے تمدّن اور تہذیبی ورثہ کی برقراری اور نشو و نما کا ایک ذریعہ رہی جس کو اب اُردو زبان اسی طرح انجام دے رہی ہے۔

دکن میں کلاسیکی دکنی نے ترقی کرتے کرتے وہ مقام اور درجہ حاصل کرلیا کہ نہ صرف سرکاری زبان قرار دی گئی بلکہ اعلیٰ تعلیم اور فنی تعلیم، جیسے ڈاکٹری اور انجینیری کے لئے بھی ذریعہ تعلیم قرار دی گئی۔ ان تمام مراحل میں جو بات قائم رہی وہ اس کی انفرادیت ہے۔ آج بھی اس کی جو امتیازی خصوصیات ہیں اس میں سب سے زیادہ دلچسپ تخفیفِ صوت ہے۔ جیسے آسمان کی بجائے اَسمان، چونا (چنّا)، ہاتھی (ہتّی) میٹھا (مِٹّھا) کتنے (کِتّے) اتنا (اِتّا) اسی طرح ہائے ہوز کی تخفیف ہے۔ جیسے یہاں کے بجائے یاں، وہاں (واں) نہیں (نکّو)، ہاں (ہَو)۔ ہائے ہوز کو ہائے مخلوط میں بدل دینے کا بھی رجحان کافی نمایاں ہے۔ جیسے باہر کو بھار، بہت کو بھوت، لہو کو لھو۔

دکنی بول چال میں ایک اور بہت زیادہ نمایاں اور واضح چیز ہے وہ جمع کا قاعدہ ہے جو "اں" لگا کر بنائی جاتی ہے۔ جیسے کتاب کی جمع کتاباں

کھیت کی جگہ کھیتاں، دکان کی جگہ دکاناں ۔ ویسے یہ پنجابی، ہریانی دوآبہ کی کھڑی بولی میں بہت عام ہے ۔

ایسے ہی "کر" کو "کو" میں بدل دیا جاتا ہے جیسے کھاکر کی بجائے کھاکو آکر (آکو) ۔ دکنی پر مرہٹی کا جو بہت زیادہ مضبوط اثر ہے وہ فعل، حرف اسم صفت ہر جگہ تاکید اور حکماً "چ" کا اضافہ ہے ۔ یہ میواتی اور راجستھانی بولیوں میں بھی رائج ہے ۔ جیسے یہ کرناچ پڑے گا۔ تم کوچ کرنا ہوگا ..... تجھ چاکری کیا تو اپیچ بول ۔ ترا شعر دکنی ہے دیکیچ بول ۔

دکنی تلفظ کی سب سے زیادہ نمایاں اور گرفت میں آنے والی خصوصیت ق اور خ کی تقلیبِ صوت ہے ۔ اس کی تمثیل مرہٹی کی ز اور ج ہے کہ بولنے والوں کو دونوں کے اظہار پر قدرت ہے ۔ لیکن ایک کو دوسرے سے اُلٹ پلٹ دیا جاتا ہے ۔ جیسے وقت کی بجائے وخت، بندق کو بندوخ تقریب کو تخریب کہتے ہیں۔ کسی حیدرآبادی نے کہا "میرے لڑکے کی سالگرہ کی تخریب میں ضرور شرکت کیجئے ۔" سننے والے نے چونک کر کہا "معاف کیجئے میں کسی تخریبی کام میں کیسے شرکت کرسکتا ہوں ۔" دراصل یہ محض دکنی خصوصیت نہیں ہے ، یہ مشرقی ایران کی عام خصوصیت ہے اور شمالی ہند کے عوام کی بولی میں کچھ اس طرح کی تقلیب ہوتی نظر آتی ہے کہ اُگالدان کو اغالدان، فکر کو فقر، تڑکنے کو تڑخنا ۔ اس کی مثال ایسی ہی ہے جیسے پنجاب میں اقبال کو اکبال، حقہ کو حکّہ کہا جاتا ہے ۔ اکثر لوگ یہ بھول جاتے ہیں کہ اُردو کسی ایک علاقہ کی زبان ہے نہ یہ علاقہ واریت کی قید و بند کو برداشت کر سکتی ہے ۔ بہر حال اکثر استہزائیہ انداز میں اعتراض ہوتے ہیں ۔ چونکہ اکثر معترضین کا لہجہ توہین آمیز ہوتا ہے، ایک دکنی شاعر گنوار دکنی نے اپنی بھڑاس اس طرح نکالی ہے :

قاف اور خے میں کیا فرق ہیں کیا معلوم
ہم زبان اپنی چلانے کو زبان جانتے ہیں
ہے لغت حلقہ بگوش اور قواعد ہے کنیز
خانہ زاد آپ کا ہے صرف، تو ہے نحو غلام
شین قاف آپ کا اللہ سلامت رکھے
آپ کچھ بھی ہوں مگر اگلی صفوں میں ہی رہیں

سرزمینِ دکن کی یہی خصوصیات ہیں جن کو وجہی نے سب سے پہلے اس طرح لکھا تھا ؎

دکن سا نہیں ٹھار سنسار میں
بینج فاضلاں کا ہے اس ٹھار میں
دکن ہے نگینہ انگوٹھی ہے جگ
انگوٹھی کوں حرمت نگینہ ہی لگ
دکھن ملک کھس دھن عجب ساج ہے
کہ سب ملک سر اور دکن تاج ہے

اسی طرح نصرتی کی زبان میں اس کی تعریف سنئے :

ہر ایک دیپ تجھ دیپ آنا ضرور
کہ سب ملک اندھارا دکھن پر ہے نور

وجہی، نصرتی، طبعی کے بعد آصف جاہ ثانی کے دور تک بھی نوازش علی خاں شیدا وغیرہ مقبول رہے لیکن ادبی معیار کو اونچا کرنے کے رجحان نے اس دکنی کو تقریباً نیست و نابود کر دیا۔ اب پچھلے بیس سال میں پھر سے اس زبان میں شاعری کی جانے لگی ہے۔ لیکن ان کاوشوں نے طنزیہ اور مزاحیہ شاعری کا روپ دیا جس کی وجہ سے یہ زبان بالکلیہ مزاحیہ ادب کے لئے مختص ہوگئی، اور

بتدریج ترقی پذیر ہے حالانکہ بحیثیتِ مجموعی اُردو کی طنزیہ اور مزاحیہ شاعری نے کوئی خاص ترقی نہیں کی۔ چنانچہ اس شاعری میں ٹھیٹھ دکنی الفاظ اور ان اور ان کا مختلف الرّواج تلفظ سننے والوں کو کچھ دیر شش وپنج میں ڈال دیتا ہے لیکن متذکرہ بالاخصوصیات کو دھیان میں رکھا جائے تو وہ بڑی آسانی سے سمجھ میں آتی ہے اور اس کا لطف اُٹھایا جاسکتا ہے۔

دکنی کے نئے شعراء میں سب سے پہلے رحیمؔ کا نام آتا ہے۔ رحیمؔ کی شاعری صوتیاتی حدبندی پر منحصر ہے۔ انھوں نے مزاح کی خاطر جانوروں کی بولیوں کا بھی سہارا لیا ہے۔ چونکہ یہ وقتیہ مخول پر مبنی ہے اور اس میں طنز واستہزاء وغیرہ بالکل نہیں اس لئے ان کا کلام بُھلا دیا گیا۔ لیجئے اب زمانۂ حال کے دکنی شعراء اور ان کے کلام کا تعارف پیشِ خدمت ہے:

نذیر احمد دہقانی:

نذیر احمد دہقانی دکنی مزاحیہ شاعری کے امام ہیں۔ ان کی شاعری کے تین دَور ہیں۔ انھوں نے دیہات کی سادہ زندگی میں شاعری کی ابتداء کی اور موٹ کا گیت، لمباڑن، دیہاتن پر قلم فرسائی کی۔ دوسرا دَور شہر کا ہے جہاں تکلف وتصنع دیکھ کر یہ چمک اُٹھے۔ اور تیسرا دَور سیاسی ہے جس میں "بھت تمہاری کی" غچ چپ روتی صورت خالہ ماں، رہی تو کیا نئیں رہی تو کیا، مزدور، موسیٰ ندی کی کہانی" شامل ہے۔ زبان کی خوبی کو برقرار رکھتے ہوئے یہ دکنی کی انفرادیت کو قائم رکھنے میں تشبیہ استعارہ سے بھی کام لیتے ہیں۔ زبان کے حُسن کو نکھارتے ہیں۔

موٹ کا گیت

جب لوگاں رہتیں نینداں میں میں ہاتھ میں لمباٹ لے کو
میں موٹ چلانے جاتا ہوں تو کھاندے پو کمبل سٹ لے کو

میں موٹ چلاتے رہتا ہوں جب ہوکر مست خیالاں میں
شبنم سنے کے موتیاں پروتی ہوئے تو میرے سر کے بالاں میں
جب ڈول ڈباتوں بوڑی میں ہر رگ رگ جنبش کرتی ہے
تو دیکھ کو ہمت ٹھنڈی ہوئے رگ رگ کو ہش ہش کرتی ہے
جب چٹا پینے دم لیتوں جب پاواں میرے تھکتے ہیں
تو میرے بلایاں لینے کو جھاڑاں کے ڈنگالاں جھکتے ہیں

✢ ✢ ✢ ✢

بیٹھے بیٹھے ظالم سے آنکھ لڑ گئی ناجی
ہور بی مصیبت میں جان پڑ گئی ناجی
بات بنتے آئی تھی یوں بگڑ گئی ناجی
تگ کو بلیٹھو بولے تو اُٹھ کر کھڑ گئی ناجی
یوں مرے منانے پو ہور بگڑ گئی ناجی
ایک دم نجر رُخ پو اس کے پڑ گئی ناجی
اب ہٹائے ہٹتیج نئیں وائچ گڑ گئی ناجی
وہ نقاب رُخ پو کا اک ادا سے سرکا تیچ
روشنی چراغاں کی مان پڑ گئی ناجی
ہستے ہستے محفل میں ناؤں اس کا پوچھا تھا
ہات دھو کو اس دن سے پیچھے پڑ گئی ناجی
اک وہ بی عالم تھا پاواں دھو کو پیتی تھی
پیار سے بلایا تو سر پو چڑ گئی ناجی
آخری وقت منجے دیکھنے بُلائی تھی
سُن کو پونچے پونچے تک سانس اکھڑ گئی ناجی

ڈھیلے ڈھالے کرتے کو تنگ سلا کو پہنتی ہے
ہلو ہلو فیشن میں خود جکڑ گئی نا جی
روج روج کی شاپنگ روج روج کے تحفے
عاشقی میں دہقانی کی کھال اُدھڑ گئی نا جی

+ + + +

ڈنڈا ۔ غلام سرور خاں ڈنڈا

دکن کی دیہاتی زبان میں غزل، نظم، گیت ہر انداز سے ہنسی مذاق کے پیرائے میں عوام الناس کے جذبات کی بڑے دلچسپ اور اچھوتے رنگ میں ترجمانی کی ہے۔ ان کے گیت محبت سے بھرپور ہیں اور اُداس دلوں کو شگفتگی بخشتے ہیں اُنھوں نے ہر ناانصافی کے خلاف آواز اُٹھائی ہے اور لوگوں کو اپنے شستہ طنز سے اُمید دلائی ہے کہ سب کچھ ٹھیک ہو جائے گا۔ مسکراہٹ کے پردے میں غم واندوہ، ہنسی کے پیچھے درد والم اور ہر موقعہ پر لوگوں کی حمیت کو للکارا ہے۔ اپنے ماضی پر فخر سکھایا ہے۔ انھوں نے محبت بھرے گیت بھی لکھے ہیں ؎

قلی قطب بادشاہ تھے رنگ رنگیلے رنگ رنگیلے بڑے چھبیلے
بھاگیہ دتی سے لے کر بھاگ متی تک ممتا کے چاؤں سے مدھومتی تک

مست مرا داں الولے تلولے
قلی قطب بادشاہ تھے رنگ رنگیلے
رنگ رنگیلے بڑے چھبیلے

جنتا کی سیوا میں تن من دھن سے کبھی چھن چھن سے کبھی کھن کھن سے
جنتا کی سیوا میں پاپڑ بھی بیلے قلی قطب بادشاہ تھے رنگ رنگیلے
رنگ رنگیلے بڑے چھبیلے

اکھاڑے میں رستم اکھاڑے میں اِندر اپنے وقت کا تھا بانکا سِکندر
گن اس کے دنیا سے نئے نویلے
قلی قطب بادشاہ تھے رنگ رنگیلے
رنگ رنگیلے بڑے چھبیلے
اُردو زباں کا تھا پہلا وہ شاعر تھا اپنے فن میں بھی یکتا وہ ماہر
غزل گیت اس کے رسیلے سریلے
قلی قطب بادشاہ تھے رنگ رنگیلے
رنگ رنگیلے بڑے چھبیلے

+ + + +

اعجاز کھٹّا :

تخلص سے ہی ان کا دکنی ہونا ثابت ہے کہ اہلِ دکن کھٹّے کے بغیر جی نہیں سکتے۔ کھٹّا نے عوام کو جھنجھوڑ کر جگایا۔ ان کو طعنے دیئے۔ ان کی حمیت کو جگایا۔ کلام میں خاص بانکپن ہے۔

+ سائیں کی صدا +

جاگ رے بابا جاگ رے بابا گھر کو لگی ہے آگ رے بابا
لختِ جگر سب تک رہے منہ کو دودھ کو پی رہیں ناگ رے بابا
گو کھر پائے بو کر جَو کو پھوٹیں تیرے بھاگ رے بابا
اپنے ندیا آپ ہی پیاسے جینا ہے ذیتا گ رے بابا
کھپا پچ دیں گے سیئس ادھر لے چھین لے ان سے باگ رے بابا
بھیک نہیں آزادی حق ہے
سجتا نئیں بیراگ رے بابا

نکوّچ نکّو

املی کے جھاڑ کی مجھے بس بس ہے چھاؤں یہ
غیروں کے اونچے محل یہ چھپر نکوّچ نکّو
صفرا ہو تو دمڑی کی ادرک مجھے ہے بس
نکّو میاں فرنگی کا جنجبر نکوّچ نکّو
میٹھے کو جی منگے تو ذرا گڑ کتر کو کھا
کڑوی رہتی پڑدسی کی شکر نکوّچ نکّو
کھٹّے کی لاش کھڈّے میں ننگیچ گاڑ دیو
اس کے کفن کو عید کی چدّر نکوّچ نکّو

✢ ✢ ✢

سُلیمان خطیب

تقریباً بیس سال سے دکنی میں شاعری کر رہے ہیں۔ دکن کے عوام کے سماجی اور معاشرتی مسائل کو اس رنگ میں خوب نکھار دے کر سکھانے کی خاطر سجایا ہے۔ لگتا ہے کہ یہ باتیں کم رہے ہیں لیکن ان ہی میں کام کی باتیں نکھر آتی ہیں۔ دکنی شاعری کے بڑے ہی کامیاب اور مقبول شاعر ہیں، اور ان کو بمبئی جیسے شہر میں بھی بہت پسند کیا جاتا ہے کہ جہاں خالص دکنی سمجھنے والے بہت کم ملیں گے۔ اچھوتی اور انوکھی تشبیہات سے ان کا کلام بھرا ہوتا ہے، وہ ہنستے ہنستے رُلاتے ہیں اور رُلاتے رُلاتے ہنساتے ہیں۔

✢ دکنی عورت کا انتظار ملاحظہ فرمائیے ✢

کچّے کلیاں کے سیجاں بچھا کو رکھیوں
پکّے پاناں کے بیڑے بنا کو رکھیوں

سوندھے گھی کے چراغاں جلا کو رکھیوں
میں تو چوکھٹ پو دیدے لگا کو رکھیوں
دیکھو برکھا کے بادل ستانے لگے
ہور تمے یاد بھوت آنے لگے
پُھولاں بیلاں کے زلفاں سجانے لگے
پتّے ہریالے گھونگھٹ اُڑانے لگے
جگنو رستے میں دیپک جلانے لگے
رستے اُٹھ اُٹھ کو رستہ دکھانے لگے
دیکھو برکھا کے بادل ستانے لگے

+ + +

علی صاحب میاں

ان کا کلام طنز سے بھرپور ہے اور گھوکھرو کے کانٹے کی طرح چبھتا ہے۔ لیکن پاؤں میں نہیں بلکہ جسم وجان میں پیوست ہوجاتا ہے جس کی خلش مٹتی ہی نہیں۔ ان کا رنگ عوامی ہے اور عوام میں بے حد ہر دلعزیز ہیں :

گڑبڑی میں آئے تھے ہور گڑبڑا کر چل دیئے
ہوش میرے ان کے پیچھے پھڑپھڑا کر چل دیئے
دوٹ لمنا تھا کی بس ہتو چکانی دے کو چل دیئے
کیوں بھی جی گھٹ کر کو پوچھیا تھا میں ان سے دل کی بات
منہ میں منہ میں کیا کی کیا کی بڑبڑا کر چل دیئے

+

مرنا ہے اک روز تو ہر روز کیوں مرو
کرنے کا کام چھوڑ کے چپ ہائے کیوں بھرو

دنیا میں رہ کو کیوں با ڈھکیلنا ہے زندگی
دکلی میں سر دیئے ہیں تو مسلوں سے کیوں ڈرو
ہڈیاں ٹوٹے تلک تو وہ اِٹیاں کراتے رہے
گنڈوں کی بات آئی تو پھرکیاں پھراتے رہے
عمر تمام یوپچ کٹی علی صاحب کی
اماں کا کھائے ماموں کی بکریاں چراتے رہے

+ + +

حمایت اللہ

حمایت اللہ کا رنگ بھی طنز و استہزار میں نرالا ہے :

وَیدہ تو کرئیں پن کی آتیں کی نیئں آتیں کی
محاڑیوں کو غم کے میرے ڈھاتیں کی نیئں ڈھاتیں کی
انوں جلدی آنا کرکو رکشا تو بھبایا ہوں
رکشا ہے ذرا چھوٹا ماتیں کی نیئں ماتیں کی
میں ننگے پاؤں بھاگا باوا سے ڈرکے اُن کے
سنگات میرا جوتا لاتیں کی نیئں لاتیں کی

+ + +

گِلّی نلگنڈوی

ادھر چند ایک سال میں دکنی کے شاعر گِلّی نلگنڈوی نے بڑی شہرت پائی ہے ان کے کلام سے انتخاب پیش ہے :

آنکھ رکھ کو بھی میں اندھا اور دیوانہ کتے
ان کی تربیٹ انکھیاں نرگس اور پیمانہ کتے
کیا بتاؤں مل گئے کیسے قدر داناں مجھے

شعر بھی پڑھنا کتے مطلب بھی سمجھا نا کتے
دیکھ کو فلماں نوے اب دُور سے وہ بول رئیں
بن کو میں راجیش کھنہ خواب میں آنا کتے

+ + +

ڈھکن رائچوری

محبت کے کیا کیا ہیں ماماں نہ پوچھو
منجے یاد آتئیں سوشاماں نہ پوچھو
امیراں کی محفل کے باتاں نہ پوچھو
پلاتئیں شراباں کے جاماں نہ پوچھو

بگڑ رائچوری کے شعر ملاحظہ ہوں :

کھٹے کی کڑی میں مکھی پڑی لگے — اَگے میری اماں اب کیا کروں
گھر والے آکو دیں گے ترڑی لگے — اَگے میری اماں اب کیا کروں
بن گئی مصیبت کھٹے کی کڑی گے — لگے میری اماں اب کیا کروں

.... ان کے علاوہ بھی بعض شعراء دکنی میں طبع آزمائی کر رہے ہیں جن میں قابل ذکر اشرف خوندمیری ہیں ۔ ان کی نظم "اٹھا چیاں" کا ایک بند پیش ہے :

گھنٹوں سے گھر کی ودڑی پو آنکھیاں چپکا کو رکھوں
کب سے تیری آس میں دل کی بتی سلگا کو بیٹھوں
رکتا ہوندا چیتا پڑ کو اپنے خیالوں کی سل پو
الفت کے کوئلے سے اُٹھے چمے کے چیرے کھینچوں
پیار کے دس بارہ چینچے پلو میں بن کو ملتاں
ارماناں کے پیش میں آجا کھیلیں گے اُٹھا چیاں

+ + +